한국의 음식문화

차례

Contents

들어가며

언제부터인지 한국에서 먹기 열풍이 불기 시작했다. TV를 켜면 언제나 전국 각지의 맛집이나 명물 요리들을 찾아 소개하는 프로들이 가득 차 있다. 공중파는 물론이고 케이블 채널과 종편에서조차 온종일 맛집과 각종 요리를 소개하며 시청자들의 입맛을 자극하기에 바쁘다.

대체 언제부터 이런 경향이 생겨났을까? 어떤 사람은 1980년대 일본에서 유행하던 음식 관련 TV 프로그램의 방영 문화가 1990년대 말부터 한국에 유입되어 아직 설치고 있다면서 개탄을 금치 못한다. 그런가 하면 다른 사람은 2000년대 이후부터 한국 사회의 생활 수준이 전반에 걸쳐 향상되면서 사람들이 이제 음식을 단순히 배만 채우는 수단이 아니라 삶을 즐겁게 하는 요소라는 사실을 깨달으면서 생겨난 경향이라고 보기도 한다. 간혹 호기심이 많은 사람은 이러한 TV 프로그램을 일컬어 TV 방송국들이 음식점과 짜고 벌이는 쇼라고 헐뜯기도 한다.

하지만 TV에서 보여주는 음식 소개 프로그램들은 이미 우리 곁에 일상적인 생활로 자리 잡은 지 오래다. 비단 TV만이 아니라 인터넷이나 블로그 및 SNS 등에서도 맛집 소개나 음식 소개는 누구나 한 번쯤 해보았을만한 대중화된 주제로 인식되고 있다.

TV나 인터넷에서 보여주는 음식들은 대부분 중국이나 일본, 유럽 등지의 외국 요리들이다. 물론 나름대로 맛과 풍미가 있는 것들이다. 그러나 정작 우리가 일상 속에서 흔하게 먹고 있는 우리나라의 음식이나 요리에 대해 관심이 있는 사람들은 그렇게 많지 않은 듯하다.

누군가 이런 말을 한 적이 있다. 음식과 요리는 한 나라의 문화를 상징하는 가장 대표적인 아이콘이며 그 나라의 문화를 알려면 그 나라의 음식을 먹어보는 것이 가장 쉽고 빠른 길이라고 말이다.

그처럼 우리나라에는 수천 년의 역사 속에서 피워 온 오랜 음식 문화가 존재한다. 나는 이 책을 통해 사람들이 우리나라의 음식 문화에 대해 좀 더 많이 배우고 친근감을 느꼈으면 한다.

달콤한 과일

포도

포도의 원산지는 흑해와 카프카스 산맥 지역이다. 우리나라에는 고려 말, 원나라를 통해 포도가 처음 들어왔다. 고려 말의 시인 이색은 그의 시집인 『목은집(牧隱集)』에서 포도를 여러 번 노래했다.

새로 숭덕사에 우거하다
천거 만마가 득실거리는 구가의 머리에
지척의 절간이 경계가 절로 그윽하여라
뜰에 비친 구기는 홍색이 뚝뚝 듣는 듯
시렁 가득 포도는 푸른빛이 흐르는 듯

차운하여 영녕사에 제하다
시를 짓자니 이제는 띳집이 있고
소매를 끌어라 모두 내 고향일세
푸른 이끼는 고비 위에 더덕더덕
흰 구름은 선탑 곁에 일어나누나
포도 알맹이를 따 먹으려면
서리가 내리기 전에 또 와야겠네

조선 시대에도 포도는 계속 사랑을 받았다. 『조선왕조실록(朝鮮王朝實錄)』에 따르면 태조 이성계가 병이 들자 한간이란 사람이 이성계에게 포도를 바쳤는데, 이성계가 매일 목이 마를 때마다 한두 알씩 맛을 보니 병이 나았다. 그러자 이성계는 매우 기뻐 한간에게 상으로 쌀 10석을 내려주었다고 한다(『태조실록(太祖實錄)』 1398년 9월 3일 자 기사).

세종대왕 때 편찬된 『세종실록지리지(世宗實錄地理志)』에는 충청도에서 말린 포도(건포도)를 매년 왕에게 특산물로 바쳤다고 기록되어 있다. 조선 시대부터 사람들은 생포도만이 아니라 말려서도 먹은 듯하다.

청포도.

할아버지 이성계처럼 세종대왕도 비슷한 일을 겪었다. 어느 날 세종이 병에 걸려 포도를 맛보려 했으나 계절이 늦어 구할 수가 없었다. 그러자 부사직 벼슬을 지내는 정척이라는 사람이 자기 집 정원에서 자라던 포도를 따서 세종대왕에게 바치자 세종은 "가슴 속이 답답하더니, 이 포도를 먹고 상쾌하게 되었다"고 하며 기뻐했다. 이 일이 있은 후 정척은 해마다 반드시 포도를 따서 올렸으며 세조에게도 똑같이 했다. 세조는 그가 포도를 바친 일에 대해 "부왕인 세종대왕께서 그대의 청렴하고 정직함을 여러 번 칭찬하였는데 내가 이를 들은 지가 어제와 같다"고 치하했다.

또한 포도는 왕이 신하들에게 주는 선물로도 사용되었다. 1492년 8월 12일, 성종 임금은 승정원과 홍문관 등에 술과 포도를 내려주고 시를 지어 바치게 하였다. 성종의 아들인 연산군도 1505년 7월 25일, 승정원이 얼음을 넣은 쟁반에 담아 바친 포도를 보고 기분이 좋아 시를 짓기도 했다.

포도를 말린 건포도.

얼음 채운 파랑 알이 달고 시원해
옛 그대로인 성심에 절로 기쁘네
몹시 취한 주독만 풀어주는 것이 아니라
병든 위, 상한 간도 고쳐 주겠네

그런가 하면 포도를 마구 따먹다가 벌을 받은 일도 있었다. 중종 무렵인 1509년 8월 28일, 박중근이란 사람의 집에 포도나무가 자라 장원서에서 봉하여 두고 박중근에게 잘 지키도록 하였는데 중근이 모두 따 버리고 도리어 장원서 관원에게 책임을 씌웠다. 그러자 장원서에서 형조에 보고했고 형조가 벌을 주려고 하자 중종이 개입하여 박중근으로 하여금 50배로 배상하게 하였다.

조선 시대 말기와 일제 강점기에도 포도는 남에게 선물하는 귀한 과일로 여겨졌다. 조선의 마지막 왕 순종은 1924년 10월 2일, 조선 총독 사이토 마코토에게 포도 한 바구니를 선물 받기도 했다.

포도알이 달린 포도 덩굴.

해방 이후, 우리나라에서 포도는 주로 기후가 따뜻한 남부 지방에서 재배되고 있다. 특히 여름에 햇빛이 많고 날이 더운 경상북도 지역에서 많이 재배된다. 오늘날 포도는 생과일로도 먹지만 주스나 잼 등으로도 널리 사랑받고 있다.

귤

나이와 성별을 불문하고 가장 많은 사람이 일상에서 즐겨 먹는 과일인 귤은 언제 이 땅에 들어왔을까? 문헌 기록에 따르면 1085년, 일본 대마도에서 보낸 사신이 감귤을 선물한 것이 우리 역사에 등장하는 귤에 관한 최초의 내용이다. 이로 보아 귤은 고려 중기에 일본에서 들어온 것 같다.

고려인들도 귤의 시고 단 맛을 좋아했는지 귤은 고려인들에게 많은 사랑을 받았다. 무인들이 정권을 잡고 조정을 농단하던 시절, 무신 최세보의 아들인 최비는 태자를 섬기던 여종에게 귤을 주며 유혹하여 불륜을 저질렀다고 한다. 태자의 여인을 건드린 것은 큰 죄였으나 당시 왕조차 두려워하던 최고의 권신인 이의민의 힘으로 최비는 죄를 면하였다. 죄를 받을 것이 분명한 상황에서 여종이 귤을 보고 최비의 유혹에 응한 걸 보면 귤을 무척 좋아했던 모양이다.

단면을 자른 귤의 모습.

1282년에는 전라도 안렴사 임정기가 귤나무 두 그루를 진상하였는데 소 12마리로 궁중까지 끌어왔다. 아마 궁궐에서도 귤나무를 심어서 귤을 먹으려 했던 것 같다. 그러나 불행히도 얼마 지나지 않아 가지와 잎이 모두 시들어 버렸다. 따뜻하고 일조량이 많은 제주도에 비해 개성은 춥고 햇빛이 적어 귤이 제대로 자라지 못했던 듯하다.

고려 말엽, 사치와 향락만 일삼아 훗날 조선의 연산군보다 더한 폭군으로 악명이 높았던 충혜왕은 그의 횡포를 보다 못한 원나라가 보낸 사신들에게 체포되어 왕위에서 쫓겨나고 원나라로 끌려가는 수모까지 당했다. 한국 역사상 최초로 외국의 압력 때문에 국왕이 강제로 물러난 것이다. 충혜왕은 중국 남쪽으로 귀양을 갔는데 귀양지에 도착하기도 전에 죽었다. 일설에 의하면 누군가가 준 귤을 먹고 죽었다고 한다. 귤이 상했던 모양인데 그에게 원한을 품은 사람이 손을 쓴 것이리라.

한편 유명한 시인이자 정치인인 이색은 귤의 맛과 향취를 노래하는 시를 여러 편 남기기도 했다.

> 섭공소의 강남 시 사절에 차운하다
> 천원의 꽃나무엔 홍색 남색이 물들었는데
> 다리 밖에 노는 이는 술이 반쯤 거나하네
> 창밖에 촉촉이 내린 가랑비 하 좋아서
> 연꽃의 이슬 차가워라 강 가득 가을일세
> 문득 생각하니 거룻배에 술만 실어 간다면

게 농짝 누런 감귤은 바로 거기 있잖은가

송경으로 가는 도중에
그 누가 이 호기가 신주를 뒤덮어서
원룡의 백척루를 압도하게 하였는고
십 리 화려한 주렴에 영벽루도 빛나누나
흰 매화 눈처럼 날려라 섣달은 다가오고
누런 귤에 서리 내려라 가을은 다해 가네

고려가 망하고 조선이 들어섰어도 귤에 대한 사람들의 애정은 식지 않았다. 조선을 세운 태조 이성계는 1396년 3월 29일, 새로 나온 귤을 종묘에 바치며 제사를 지냈다.

이성계의 아들 태종 이방원은 1412년 11월 21일, 상림원 별감 김용을 제주도로 보내 감귤나무 수백 그루를 순천 등 바닷가에 있는 고을에 옮겨 심게 하였다. 오늘날처럼 조선 시대에도 귤의 주 재배지는 날씨가 따뜻한 제주도였던 모양이다.

모두가 알다시피 태종은 장남인 양녕대군의 행실이 못되었다고 해서 쫓아냈고 셋째 아들인 세종을 왕위 계승자로 삼았다. 이런 사실 때문에 세종대왕은 죽을 때까지 형인 양녕대군이 웬만한 횡포를 저

귤나무에 달린 귤과 꽃.

질러도 처벌하지 않고 잘 달래려 애를 썼다. 아마 형이 차지할 왕위를 본의 아니게 빼앗은 데 대한 미안함이 있었던 듯하다. 그래서 1425년 11월 2일, 세종대왕은 양녕대군에게 귤을 선물로 보내주기도 했다. 만약 조선 시대에 귤이 하찮은 물건으로 여겨졌다면 굳이 형에게 보내줄 필요도 없었을 것이다.

사치와 미식을 즐겼던 연산군도 귤을 좋아했는지 1502년 3월 11일에는 이미 제철이 지난 귤은 물론이고 나무에 달린 귤은 가지에 붙어 있는 채로 올리라고 명했다. 또 1504년 11월 8일에는 제주도에 귤 1천 개를 올리라 명하면서 얼어서 상하지 않게 바치라는 당부도 잊지 않았다.

연산군을 몰아내고 왕위에 오른 중종도 귤을 좋아하기는 마찬가지였다. 중종은 승정원에 자주 귤을 내려주고 시를 지어 올리도록 했는데 1522년 1월 7일에는 승정원과 홍문관과 예문관 및 시강원에 귤 4백 개를 나눠주면서 각자 시를 지어 올리도록 할 정도였다.

중종의 동생인 명종도 비슷한 일을 했다. 1545년 10월 16일, 명종은 승정원에 "이 물건이 비록 보잘것없으나 사람들이 다 향내를 취한다, 경들도 손에 쥐고 향내를 맡으라"고 말하면서 귤을 나눠주었다.

한편, 조선 시대에 귤은 병든 사람에게 위로의 뜻으로 주는 선물로 여겨지기도 했다. 1494년 2월 11일, 성종 임금은 우의정 허종이 병으로 위독하다는 말을 듣고는 귤을 선물로 주어 쾌유를 기원했다. 이보다 약 320년 후인 1815년 12월 13일, 순조 임금은 할머니인 혜경궁 홍씨가 병으로 앓아눕자 인삼과 귤을 넣고 끓인 삼귤차(蔘橘茶)를 달여 들이라고 의원들에게 지시하기도 했다.

오늘날 입원한 환자에게 귤이나 포도, 바나나 같은 과일바구니를 들고 가는 행사도 조선 시대부터 유래되었던 셈이다.

수박

여름철에 먹는 대표적인 과일인 수박, 우리 조상은 언제부터 먹었을까? 조선 중엽, 『홍길동전』의 저자로 알려진 허균은 그가 남긴 음식 관련 서적인 『도문대작(屠門大嚼)』에서 원나라에 항복한 고려인 장수 홍다구가 원나라에서 수박을 가져왔다고 기록했다. 본래 수박의 원산지는 아프리카인데 서기 10세기 무렵 중국에 들어왔고, 다시 원나라를 통해 고려 말기에 수박이 처음 이 땅에 들어온 것이다.

고려 말엽, 유명한 정치인이자 시인이었던 이색은 그의 시집인 『목은집』에서 여름철마다 수박을 맛있게 먹었다고 시를 남겼다.

수박을 먹다, 승제(承制)가 얻어 온 것이다
마지막 여름이 이제 다해 가니
수박을 이미 먹을 때가 되었도다
하얀 속살은 얼음처럼 시원하고
푸른 껍질은 빛나는 옥 같구려

달고 시원한 물이 폐에 스며드니

신세가 절로 맑고도 서늘하구나

수박을 한자로는 서과(西瓜)라고 하는데 조선 시대에도 사람들은 수박을 좋아하고 왕이나 양반들에서부터 일반 서민에 이르기까지 모든 계층의 사람들이 즐겨 먹었다.

세종대왕 시절인 1423년 10월 8일에는 이런 일도 있었다. 궁궐에서 임금이 먹는 음식들을 차리는 주방에서 일하던 한문직이란 사람이 수박을 도둑질했다가 들켜 곤장 일백 대를 맞고 영해로 귀양을 가고 말았다. 수박을 무척 좋아해서 식탐을 억제하지 못하고 벌어진 비극인 셈이다.

조카인 단종을 몰아내고 왕이 된 세조는 강원도 영월로 귀양을 간 단종에게 수박이나 참외 같은 제철 과일을 보내주었다. 그런데 1457년 10월 22일, 궁궐에서 일하던 종인 독동과

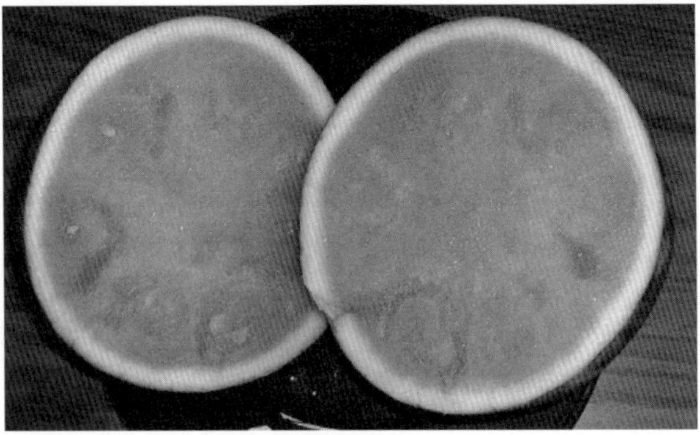

단면을 자른 수박. 속이 잘 익었다.

윤생이 수박과 호두를 가지고 단종을 찾아가고 싶다고 말하자 세조는 그들에게 곤장 1백 대를 치라고 명했다. 자신이 음식을 보내줄 수는 있지만 다른 사람들이 사사로이 단종을 만나게 하지는 못했는데 혹시나 그들이 단종을 왕위에 다시 올리는 반란을 도모할까 우려해서였다.

이 밖에도 세조는 제사를 지내고 난 다음에 제사 음식을 제관에게 나누어 주고 베풀던 잔치인 음복연을 베풀 때 자신이 먹던 수박을 직접 신하들에게 하사하였다(1460년 1월 16일).

사치와 향락으로 악명이 높던 연산군은 1505년 4월 6일, 명나라에 가는 사신들에게 직접 명을 내려 명나라에서 수박을 구해오도록 하였다. 조선에서 나는 수박보다 중국에서 나는 수박이 더 먹고 싶었던 것일까? 아니면 조선의 수박들은 다 먹어 보았으니 중국의 수박도 먹고 싶어 일부러 그런 것인지도 모르겠다.

연산군을 몰아내고 왕위에 오른 중종은 1533년 9월 11일, 선릉에 제사를 지내러 가던 와중에 어떤 사람으로부터 수박을 선물로 받았다. 중종은 그 답례로 다른 물건을 선물로 주었는데 다음 날 이 문제를 놓고 신하들과 토론을 벌인 끝에 이런 결정을 내렸다. "만약 앞으

여름철에 많이 찾는 수박.

로 자신에게 백성이 사사로이 수박 같은 과일이나 다른 선물들을 바치면 다른 사람들도 계속 임금이 내리는 상을 바라고 물건을 바칠 테니 앞으로는 백성이 수박을 사사로이 임금에게 바치지 못하게 하라"는 것이었다.

선조 시절에는 수박의 효능이 조정에서 논의되었다. 1574년 1월 15일, 유희춘이란 사람은 선조 임금에게 올린 글에서 수박은 몸에 나쁘지 않으나 많이 먹으면 안 되고 서리가 내린 뒤에도 먹어서는 안 된다고 말했다. 수박에는 수분이 많아 많이 먹으면 설사를 하게 되는데 조선 시대 사람들도 오랜 경험을 통해 이런 점을 알고 있었던 것이다.

임진왜란의 명장 이순신은 그의 저서 『난중일기(亂中日記)』에서 1597년 7월 16일, 변의정이란 백성에게서 수박 두 덩이를 받았다고 기록했다. 이순신은 "두메산골에 묻혀 사는 사람인지라 거짓 없고 인정이 두터운 태도이다"고 감격스러운 어조로 이 일을 적었다.

조선 후기의 명군인 영조는 1760년 7월 25일, 어린이들을 가르치는 기관인 동몽에 들러 『소학』을 읽은 어린 학생들에게 상으로 수박을 내려주기도 했다.

오늘날도 사람들은 여름철마다 수박을 즐겨 먹는다. 수박은 날것으로 그냥 먹기도 하지만 특이한 것을 좋아하는 사람들은 사이다를 넣어 시원하고 달콤한 맛을 내는 화채를 만들어 먹는 방식을 더 선호한다. 수박은 수분이 많아 당뇨병이나 고혈압에도 매우 좋은 과일이다.

일상의 주식인 채소

침채(김치)

오늘날 한국인의 식탁에 빠지지 않고 올라오는 반찬은 김치다. 그렇다면 언제부터 한국 사람들은 김치를 먹었을까?

무나 파, 우엉 같은 채소들을 소금에 절여 먹는 방식은 삼국시대 이전부터 시작되었을 것으로 추측된다. 그러나 문헌상에 나오는 김치에 관한 내용은 고려 시대부터이다.

무신정권 시절 활약했던 유명한 문인 이규보는 그의 시 '가포육영(家圃六詠)'에서 "소금에 절인 순무를 겨울 동안 먹는다"고 적었다. 또 고려 말의 정치인 이색은 그의 시집인 『목은집』에서 "우엉과 파와 무를 섞어서 담근 침채(沈菜)와 장(醬)을 유개성으로부터 받았다"고 노래했다. 여기서 '침채'란 김치의 옛

발음이다. 이색은 우엉과 파와 무를 섞어서 담근 김치를 선물 받았다고 말하고 있는 것이다. 이처럼 초기의 김치는 지금처럼 소금에 절인 배추가 아니라 주로 무나 파와 우엉을 소금에 절인 형식이었다.

조선 시대에 들어서면서 김치의 종류는 더욱 다양해졌다. 1670년에 나온 요리백과사전인 『음식디미방(飮食디味方)』에 보면 '껍질을 벗기고 가늘게 썬 김치를 뜨거운 물에 소금과 함께 넣고 발효시켜 먹는다'는 내용이 보인다. 오늘날의 오이지나 서양의 피클과 비슷하다.

또한 17세기 말에 나온 『요록(要錄)』이라는 책에는 무를 소금물에 담가서 만든 '동치미(冬沈)'가 소개된다.

그렇다면 오늘날처럼 고춧가루를 배추에 잔뜩 절여서 만드는 김치는 언제 시작되었을까? 그리 오래되지는 않았다. 구한말과 일제 강점기 시절, 전라도에서 서울로 이사 온 사람들 덕분

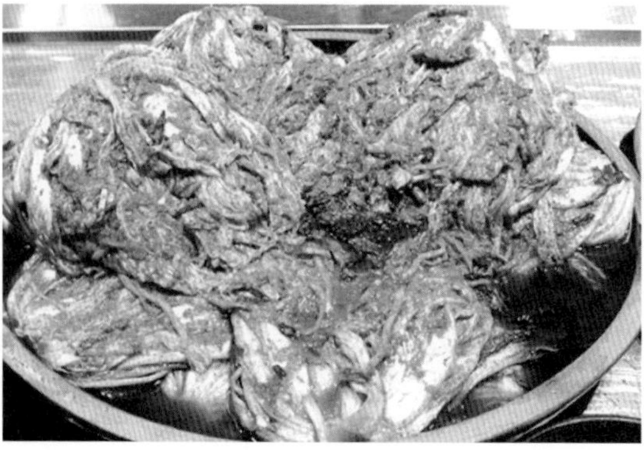

고춧가루로 잘 버무린 김치.

에 배추에 고춧가루와 멸치 액젓 및 각종 젓갈을 버무려 먹는 방식이 일반화되었다. 전라도는 날씨가 덥고 습도가 높아 소금을 많이 넣어 간을 짜게 하지 않으면 음식이 쉽게 상했다. 그래서 자연히 김치에도 소금과 고춧가루를 듬뿍 넣어 상하는 것을 막고자 한 것이다.

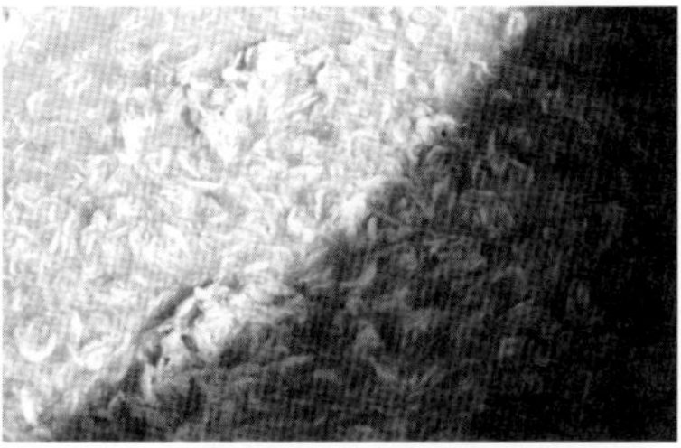

김치에 들어가는 젓갈 중 하나인 새우젓.

전라도 사람들이 서울로 올라오면서 서울로 몰려든 전국 각지의 사람들이 이런 식의 맵고 짠 고춧가루 김치를 쉽게 접할 수 있게 되었다. 처음에는 강렬하면서 자극적인 맛에 다들 거부감을 나타냈으나 먹다 보니 점점 그 맛에 중독되어 나중에 다른 김치들은 싱거워 도저히 먹을 수 없게 될 지경에 이르렀다. 이러다 보니 비교적 심심하게 담근 김치들은 어느새 사람들의 외면을 받고 점차 사라져가는 운명에 처했다.

한동안 김치는 외국인들에게 매우 고약한 악취가 나는 음식으로 인식되었다. 그러나 한국의 경제 성장과 함께 국제적인 위상이 올라가자 호기심 많은 외국인이 김치에 관심을 두기 시작하였다. 일본식 김치인 '기무치'와 함께 최근에는 미국 뉴욕에서도 고춧가루 대신 유산균을 넣은 '미국식 김치' 같은 변종 김치들까지 등장하고 있다.

두부

두부는 콩으로 만든다. 콩을 물에 담가 온종일 불린 후 맷돌 등에 넣고 간 다음, 물을 넣고 10분간 끓이고 나서 자루에 넣는다. 이때 염화칼슘 같은 응고제를 첨가하고 틀에 끓인 내용물을 넣고 무거운 것으로 눌러 모양을 고정한다. 그리고 수분이 빠져나가면 고체 형태가 되는데 이것을 자르면 두부가 된다.

두부의 기원은 기원전 2세기, 중국 한나라의 왕족인 회남왕 유안이 처음 만들었다고 전한다. 우리나라에는 고려 시대 초기에 중국을 통해 들어온 것으로 추정된다. 『고려사절요(高麗史節要)』에 보면 고려 여섯 번째 임금인 성종은 지나가는 사람들에게 두부를 끓인 국을 대접했다고 한다. 이것이 두부와 관련된 최초의 기록이다.

고려 말의 정치인 이색은 그의 시집인 『목은집』에서 '대사구

네모로 자른 두부들.

두부래향(大舍求豆腐來餉)'이라는 시를 남겼는데 '나물국 대신 두부를 먹으니 늙어서 이가 약한데도 맛있는 음식을 먹게 되어 무척 좋다'고 감상을 남겼다.

조선 세종대왕 무렵에는 이런 일도 있었다. 1428년 2월 11일, 명나라에 보낸 사신 백언이 음식을 만드는 여인을 시켜 두부를 바치자 명나라 황제인 영락제가 매우 기뻐하여 백언에게 어용감 소감이라는 벼슬을 내려주었다고 한다.

영락제의 손자인 명나라 선덕제도 조선의 두부를 무척 좋아했다. 1434년 12월 24일, 선덕제는 세종대왕에게 서신을 보내 다음과 같이 전했다.

> "왕이 먼젓번에 보내온 반찬과 음식을 만드는 부녀자들이 모두 음식을 차리는 것이 깨끗하고 아름다우며 빠르고 민첩한데, 두부를 만드는 것은 더욱 정묘하다. 다음번에 보내온 사람은 잘하기는 하나 전 사람들에게는 미치지 못하니, 칙서가 이르거든 왕이 다시 공교하고 영리한 여자 10여 인을 뽑아서 반찬과 음식과 두부 등을 만드는 것을 익히게 하여 모두 다 정하고 숙달하기를 전번에 보낸 사람들과 같게 하였다가 뒤에 중관을 보내어 조선에 이르거든 북경으로 딸려 보내도록 하라."

그런가 하면 1451년 2월 22일, 문종 시절에는 임금과 신하들이 두부를 만들 때 간수(艮水)와 산수(酸水) 중 어느 것을 넣을지를 놓고 토론을 벌인 일도 있었다. 문종은 두부를 만들 때 '소금을 녹인 간수나 바닷물을 쓴다'는 말을 듣고 '간수는 깨끗하지 못하니 두부를 만들 때 쓰지 말라'고 말했다.

1516년 4월 13일, 중종 임금 시절에는 죄수들을 잘 다루는 고을 수령들을 가리켜 민간에서 '편적장(片炙杖)'이라 불렀다고 한다. 편적장은 두부를 반듯하게 자른 것처럼 모가 있다는 뜻인데, 이미 조선 시대에도 두부를 지금처럼 반듯이 네모 형태로 잘랐던 모양이다.

임진왜란이 시작되자 조선에 명나라 원병이 왔는데 그들도 두부를 찾았다. 1593년 1월 12일, 명나라 만력제는 병부 주사인 원황을 통해 조선에 다음과 같이 명나라 군사들을 먹일 음식의 목록을 요구했다.

명나라 군사들이 먹일 음식은 총 세 종류로 분류되었는데 첫째는 천자호반(天字號飯)이라 하여 중군(中軍)과 천총(千總)과 파총(把總) 등 고위 지휘관들에게 고기와 두부 및 채소, 절인 생선 각각 한 접시에 밥은 한 주발, 술은 석 잔씩 지급하는 것이었다.

둘째는 지자호반(地字號飯)인데 각 관아의 하인들에게 고기와 두부, 채소 각각 한 접시와 밥 한 사발씩을 주는 것이다.

셋째는 인자호반(人字號飯)으로 일반 군병들에게 지급하는 것인데 두부와 절인 새우 각각 한 접시와 밥 한 주발씩을 주는 것이었다.

이상에서 보면 알 수 있듯이 신분과 지위고하를 막론하고 모든 명나라 군사들이 먹는 음식에는 반드시 두부가 들어가 있다. 그만큼 명나라 군사들도 조선의 두부 요리를 좋아했던 것을 알 수 있다.

한편, 조선 중기로 접어들자 두부를 넣고 끓인 음식인 연포국이 등장한다. 연포국은 얇게 썬 두부 꼬치를 기름에 지진 다음 닭국에 넣어 끓인 음식이다. 이순신은 1597년 6월 22일 자 『난중일기』에서 "아침에 초계군수가 연포국을 마련하여 권했다"고 기록했다.

숙종 시대(1681년 6월 3일)에는 조정에서 연포국이 논란의 대상이 되기도 했다. 영의정 김수항은 관리들의 비리를 캐러 보낸 암행어사들이 친구들과 함께 연포탕을 끓여 먹으며 놀기만 일삼고 일은 뒷전으로 미룬다며 탄식하기도 했다.

조선 시대에 두부는 제사 음식에도 쓰였는데 1766년 8월 18일, 영의정 홍봉한은 "왕께서 능원에 친히 제사를 지내실 때 떡과 국수와 두부를 준비하신다"고 말했다.

오늘날에도 두부는 다이어트에 좋고 값도 싸다는 이유로 여전히 많은 사람이 즐겨 먹는 음식 중 하나다.

고추

우리나라 사람들이 제일 좋아하는 조미료는 단연 고추장과 고춧가루다. 하지만 고추가 이 땅에 들어온 지는 그리 오래되지 않았다.

고추의 원산지는 멕시코와 페루 등 신대륙 지역이다. 1492

빨갛게 잘 말린 고추.

년, 콜럼버스는 신대륙을 탐험하면서 고추를 발견하고 이를 유럽에 가져왔다. 콜럼버스가 퍼뜨린 고추는 당시 아시아 각국과 무역을 하고 있던 스페인과 포르투갈 상인들의 손에 의해 인도와 일본 등으로 전해졌다.

그리고 이 고추는 임진왜란 동안 부산을 비롯한 조선의 경상남도 해안 지대에 주둔하던 일본군을 통해 조선인들에게 전해지게 된 것이다.

한국의 옛 문헌에 나온 고추는 임진왜란 이후인 1614년, 이수광이 지은 『지봉유설(芝峯類說)』에서 처음 언급되었다. 이 책에서는 고추를 "남쪽에서 들어온 풀로 왜겨자라 불린다. 주점에 이따금 보이며 그 맛이 맵고 독하여 많이 먹는 사람은 죽는다"고 부정적으로 표현했다.

그렇다면 고추를 이용한 양념인 고추장은 언제 나왔을까? 그 역시 고추가 전래한 이후이다. 문헌상으로는 1740년에 나온 요리책 『수문사설(修聞事說)』에 고추장이 처음 보인다. 이 책에서는 고추장의 제조 과정을 다음과 같이 묘사한다. 우선 된장 콩을 빻은 후 고춧가루와 찹쌀을 넣고 거기에 새우와 조개 같은 해산물에 다진 생강을 넣는데 이런 고추장은 순창군에서 만들어 조정에 진상한다고 적혀 있다.

이보다 26년 후인 1766년에 유중림이라는 사람이 지은 음식 관련 문헌인 『증보산림경제(增補山林經濟)』에도 고추장을 담그는 내용이 있다. 순창군처럼 고춧가루에 찹쌀과 콩가루를 넣고 새우와 전복 등 각종 해산물을 첨가한다는 점에서는 대체로 비슷하다. 1809년에 작성된 요리책인 『규합총서(閨閤叢書)』에는 단맛을 내기 위해 고추장에 꿀을 넣는다는 기록도 보인다.

오늘날 한국인들은 고춧가루 없이는 도저히 한 끼 식사도 할 수 없을 정도로 고춧가루 중독자가 되었다. 어느 정도 까다로운 입맛을 가진 사람들은 음식점에 갈 때마다 고춧가루로 범벅된 음식들을 보며 "온통 매운맛 뿐이니 다른 맛을 느낄 수 없다"며 불평을 터뜨린다. 하지만 그런 사람들도 고추를 열심히 먹는 것에는 변함이 없다.

밥보다 더 맛있는 과자

떡

우리나라 사람들은 언제부터 떡을 먹게 되었을까? 고고학적 유물로 보면 시루를 만들었던 때인 고조선 무렵의 부족 국가 시절부터 떡을 먹었던 것으로 보인다.

문헌 기록에 나오는 최초의 떡은 『삼국사기(三國史記)』에 나온다. 유리 이사금과 석탈해가 신라의 왕위를 놓고 서로 겨루었을 때 사람들이 "덕이 있는 사람은 이가 많으니 떡을 깨물어 이의 개수를 시험해 봅시다"고 제안하여 서로 떡을 깨물었는데, 유리 이사금의 잇자국이 많아 유리가 왕에 올랐다고 한다. 신라의 초기 시절부터 사람들은 떡을 알고 먹었던 것이다.

『삼국유사(三國遺事)』에 따르면 신라의 문무왕은 661년 내린

팥과 팥고물을 묻혀 만든 시루떡.

조서에서 신라에 항복한 가야의 구형왕을 위한 제사에 매년 명절이면 술과 식혜를 만들고 떡과 밥, 차와 과일을 갖추어 제사를 지냈다고 한다.

고려 시대에 들어서도 사람들은 떡을 널리 즐겨 먹었다. '노비안검법'으로 노비들을 해방한 고려의 네 번째 왕 광종은 왕권 강화를 위해 수많은 귀족을 처형했다. 그러나 그 과정에서 너무나 많은 피를 본 나머지 마음속으로 의심과 두려움에 시달리던 광종은 나이가 들자 자신이 저지른 살생의 죄를 씻기 위해 전국 각지의 절에 막대한 시주를 하였다. 그러자 승려들은 물론이고 일반 거리의 불량배들도 절에 와서 음식과 옷감 등을 얻어가려 했는데, 광종은 누구든지 절에 오는 사람에게는 떡을 배불리 먹이라고 지시하였다. 그 바람에 서울과 지방의 길가는 사람들은 모두 나라에서 주는 떡을 이루 헤아릴 수 없이 많이 받아 먹었다.

광종의 뒤를 이어 왕위에 오른 고려의 여섯 번째 임금인 성종도 그와 비슷한 일을 했다. 불교를 깊이 믿은 성종은 자비심을 널리 베풀고자 왕실에 설치된 불당인 내도량에 보관된 떡과 과일을 매번 거지들에게 나눠주었다.

고려 중엽인 인종 시절, 왕조차 능가할 정도로 권세를 부렸던 이자겸은 자신이 왕이 되고자 떡에 독약을 넣어 왕에게 바쳤다. 그러나 이자겸의 딸인 왕비가 그 떡을 까마귀에게 주자 떡을 먹고 까마귀가 죽었다. 이 덕분에 이자겸에게 의심을 품은 인종은 마침내 이자겸의 부하인 척준경을 설득하여 이자겸을 체포하고 그를 영광으로 유배를 보내 실각시킨다.

팥이나 녹두를 넣어서 만드는 개피떡.

이자겸이 죽자 인종은 개성 생활에 싫증이 나 평양으로 천도할 생각을 품었다. 그때 인종에게 접근한 사람이 우리 역사에서 유명한 묘청이다. 묘청은 왕에게 "평양으로 수도를 옮기면 금나라를 비롯한 주변의 36개 나라가 모두 항복해 와 신하가 되기를 자청할 것이며 나라의 힘이 강성해져 태평성대를 이룬다"고 거짓된 말을 고했다.

인종은 그 말에 호감이 가면서도 어쩐지 믿기가 어려워 선뜻 행동에 나서지 못했다. 그러자 묘청은 자신의 동료인 백수한과 짜고 기름을 잔뜩 집어넣은 큰 떡을 대동강에 빠뜨렸다. 떡이 강물 속에 잠기면서 얼마 후 기름이 물 위에 떠올랐는데 멀리서 보면 마치 오색처럼 반짝거리며 빛을 냈다.

묘청은 백수한과 함께 왕에게 가서 "신령스러운 용이 침을 토하며 오색의 구름이 대동강 위에 피었습니다, 이는 성스러운 징조입니다"며 평양으로 천도할 것을 권유했다.

추석 때 만들어 먹는 송편.

그러나 용이 침을 뱉었다는 말을 믿기 어려웠던 인종은 평장사 문공인과 참지정사 이준양 등을 대동강에 보내 사실을 살펴보게 했다. 왕이 보낸 사신이 대동강에 도착하여 주변 사람들을 상대로 조사하자, 기름 짜는 일을 하던 사람이 그들을 찾아와서 "기름이 물에 뜨면 기이한 빛을 냅니다"라고 가르쳐 주었다. 그 말을 들은 문공인 등은 잠수를 잘하는 사람에게 대동강 밑을 수색하게 했는데 그 결과 묘청이 미리 만들어 넣은 큰 떡이 발견되었다. 이 사실을 보고받은 인종은 묘청이 자신에게 거짓을 고했음을 알고 평양으로 천도하려는 계획을 버렸다. 그리하여 우리 역사에 유명한 묘청의 난이 일어나게 되었던 것이다. 재미있는 일이 아닌가! 떡 하나로 인해 역사가 바뀐 셈이다.

조선 시대에 접어들자 떡의 종류는 더욱 다양해졌다. 쌀이나 보리 등 곡물의 가루를 시루에서 익힌 시루떡과 곡물가루를 절구에 넣고 쳐서 만든 인절미, 찹쌀가루에 국화나 진달래 같은 꽃을 넣고 기름에 약하게 지진 화전, 찹쌀가루에 물을 넣고 반죽하여 삶은 경단 등이 등장했다.

그 밖에도 조선 시대에 나온 떡들은 매우 많다. 1433년 4월 14일 『세종실록(世宗實錄)』의 기사를 보면 아산 현에 사는 94세의 늙은 할머니가 마로 만든 떡 한 동이를 왕에게 바치자 세종대왕이 그 답례로 이 할머니를 왕궁에 불러들여 음식을 대접하고 면포 두 필, 술 열병을 선물했다고 한다.

콩고물을 묻혀 만드는 인절미.

그리고 4년 후인 1437년 7월 2일에는 경상도 지리산에서 대나무에 열매가 많이 열리자 사람들이 대나무 열매의 가루를 말려서 떡을 만들었다고 전해진다.

세조 시절에는 불에 구운 떡인 소병(燒餠)도 나타났다. 1463년 10월 5일, 공조 판서 성임이 술과 소병을 가지고 와서 세조에게 문안 인사를 올리자 세조는 그가 가져온 술과 떡을 즉시 군사들에게 나눠주도록 지시했다.

유교를 국시로 했지만 조선의 왕 중에서도 불교를 열심히 믿었던 사람들이 많았다. 세조도 그 중 한 사람이었는데 세조는 절을 짓고 불경을 인쇄하는데 많은 노력을 기울였고 절에도 자주 다녔다. 그래서 많은 승려가 세조를 존경하여 그에게 가까이 다가가려 노력했다. 한 예로 1464년 2월 27일, 신미라는 승려는 세조를 직접 찾아가 150개의 항아리에 떡을 가득 담아 바쳤다. 세조는 무척 기뻐하며 자신을 호위해 온 군사들에게 그 떡들을 전부 나누어 먹도록 주었다.

오늘날 생일잔치에서 케이크를 자르는 것처럼 조선 시대에는 생일잔치에서 떡을 썼다. 1465년 1월 3일, 세조는 아들인 세자의 생일에 호위를 서던 병사들에게 떡과 술을 나누어 주며 노고를 위로했다.

1600년 무렵에는 떡과 관련된 식사 규칙이 생겼다. 그해 6월 30일, 사옹원 제조는 선조 임금에게 이런 내용을 건의했다.

> "예문(禮文)에 의하면 대왕대비의 빈궁을 차린 후에는 아침과 저녁으로 상식(上食)만 있고 낮의 수라(점심)는 없다고 되어 있습니다. 본원(本院) 역시 생각할 만한 등록이 없으나 듣기로는 주다례(晝茶禮)가 있어 국수와 떡과 탕과 부침과 과일 등을 차리는 규식이 있다고 합니다."

이밖에 1670년에 나온 음식 관련 서적인 『음식디미방』에서는 녹두가루에 물을 넣고 기름에 부치는 빈자떡도 소개하고 있다. 오늘날 사람들이 막걸리를 마실 때 안주로 먹는 빈대떡은 바로 빈자떡에서 유래한 것이다.

또한 이순신은 1596년 2월 14일 자 『난중일기』에서 "경상수사가 쑥떡을 보내왔다"고 적었다. 쌀가루와 쑥을 넣고 반죽해 쪄서 먹는 쑥떡도 벌써 조선 시대에 등장했던 것이다.

일제 강점기가 되자 일본을 통해 우리나라에도 서양식 과자인 빵이 들어왔다. 새로운 문물을 좋아하는 사람들은 빵을 먹

꽃을 기름에 부쳐 만드는 화전.

었지만 그보다는 여전히 조상 대대로 전해 내려왔던 떡을 선호하는 사람들이 많았다.

하지만 해방 이후 1990년대 말부터 우리나라의 경제 수준이 올라가고 사람들의 식생활습관이 서구화되면서 떡은 서서히 밀려나고 그 빈자리를 서양식 빵이 차지하고 있다. 그럼에도 아직 떡은 많은 사람이 즐겨 먹는 간식이다.

유밀과(약과)

설날이나 추석이 되면 사람들은 반드시 약과 같은 전통 과자인 한과를 제사상에 올린다. 한과들을 다른 말로 유밀과(油蜜果)라고도 하는데 만드는 방법은 다음과 같다. 밀가루에 소금과 꿀과 참기름을 넣고 잘 섞는다. 그런 후 참기름이나 들기름에 튀기고 꿀에 담가서 꺼낸 다음 잣이나 쌀가루를 뿌려서 만든다. 이처럼 재료에 기름과 밀가루가 들어가서 유밀과라고 부르는 것이다.

이렇듯 유밀과는 만드는데 시간과 정성이 대단히 많이 들어간다. 그래서 옛날부터 유밀과는 제사나 큰 잔치에나 쓰이는 귀한 음식이었다.

우리나라의 문헌에 유밀과에 대한 기록이 처음 나오는 때는

한과의 대명사인 약과.

고려 시대부터다. 1192년 고려 19대 왕 명종은 잔치에 유밀과 대신 사과를 사용하라는 법령을 발표했다. 유밀과를 만드는데 밀가루와 꿀, 기름이 너무 많이 소모되어 낭비가 심하고 사치를 조장한다는 이유에서였다.

그러나 이 법은 잘 지켜지지 않았다. 사람들에게 유밀과의 달콤한 맛은 법보다 더 무서웠던 것이다. 1296년 고려 충선왕은 원나라 보탑실련공주와 결혼할 때 원나라 황제를 비롯한 황족들에게 유밀과를 대접했다.

고려에서 유밀과를 만들어 제사에 올렸던 것은 불교와 밀접한 관련이 있었다. 본래 유교에서는 제사를 지낼 때 술과 고기를 바친다. 그런데 불교에서는 살생을 금하기 때문에 불교를 믿었던 고려 사회에서는 소나 돼지 같은 동물 대신 유밀과를 제사에 올렸던 것이다.

이러한 선례는 서기 6세기 초, 중국의 양나라에서 시작되었다. 양나라를 세운 무제는 독실한 불교도로 자비를 국정 운영의 기본으로 삼았다. 그는 살생을 가장 큰 죄악으로 여겼고 자비를 실천해야 할 승려들은 결코 짐승을 죽여 만든 고기를 먹어서는 안 된다고 생각했다. 그래서 양무제는 고기를 금하는 법령을 발표하여 나라 안의 모든 승려에게 절대로 고기를 먹지 못하게 했고 왕실의 조상에게 지내는 종묘 제사에서도 고기가 아닌 과자를 올리게 하였다. 양무제 이전까지 중국의 불교 승려들은 고기를 별다른 금기사항 없이 먹었는데 양무제가 금육법을 발표한 이후부터 승려들은 고기를 먹는 것이 금기시되었다. 오늘날 동아시아의 불교 승려들이 고기를 먹지 않는 풍습도 이 양무제의 법률에서 유래된 것이다.

고려가 무너지고 조선이 들어선 이후에도 유밀과는 계속 사람들의 사랑을 받았다. 조선을 세운 태조 이성계는 고려의 명종처럼 유밀과를 만드는데 밀가루와 기름이 너무 많이 들어간다는 이유로 명나라 사신을 대접하는 연회가 아니면 유밀과를 내오지 말라는 법령을 발표하기도 했다. 하지만 고려에서처럼 이 법도 효과가 없었다.

태종 때에는 부유한 집뿐만 아니라 일반인들도 혼인 잔치를 하면 유밀과를 만들어 내왔을 정도로 이미 사람들 사이에서 일상적인 음식으로 자리 잡고 있었다.

물론 조선은 유밀과를 엄격하게 금하지만은 않았다. 유교의 창시자인 공자에게 올리는 제사에는 반드시 술과 떡, 밥과 함께 유밀과를 내었다. 세종대왕 때 만들어진 오례의 의식을 기록한 『습전(襲奠)』에 따르면 유사(攸司)가 지내는 예찬(禮饌)을 갖출 때 반드시 유밀과를 14개의 그릇에 담아서 놓아야 했다.

유밀과의 금지 여부를 둘러싸고 벌어진 논란은 조선 시대 내내 계속되었다. 1456년 10월 24일, 세조는 팔도 관찰사에게 유밀과의 금령법을 어긴 수령을 탄핵할 것을 지시하는 포고문을 내렸다.

"기름과 꿀은 평상시에는 준비하기가 어려운 물건이므로 명나라 사신을 대접하는 자리를 제외하고는 유밀과를 쓰는 것을 금한 지 그 유래가 이미 오래다. 그런데 여러 고을 수령들이 나라의 법을 돌아보지 않고 다투어 판비하는 것을 힘써 개인적인 손님들에게 공공연하게 유밀과를 먹이고 있고 감사도 또한 이를 대수롭지 않게 보아 하나도 탄핵하지 않는다. 이는 모두 윗사람을 속이는 풍습이다.
내가 새로 즉위한 뒤로 모든 폐단 있는 일은 모조리 개혁하려고 힘쓰는데 윗사람을 속이는 풍습은 더욱 용서할 수 없다. 앞으로 만일 법을 어기는 수령이 있어도 감사가 탄핵하지 않으면 내가 장차 엄중하게 징벌하겠다."

그러나 세조의 엄명에도 유밀과의 제한령은 제대로 지켜지지 않았다. 세조의 손자인 성종이 다스리던 해인 1472년 1월 22일, 예조는 다음과 같이 사치를 금하는 상소를 올렸는데 그 중에는 유밀과와 관련된 내용도 있었다.

"잔치에는 유밀과 쓰는 것을 금지하였는데 이제 양반 집의 잔치나 고을 수령이 개인적인 손님을 위하는 잔치에서는 거의 모두가 유밀과를 쓰니 더욱 엄히 금지시키소서.
지방 마을의 부유한 백성은 제사를 성대하게 준비하여 유밀과를 큰 쟁반에 담아 장례 행렬이 나가는 밤에는 술과 음식까지 풍성하게 베풀어 손님들을 모아 풍악을 울리고 주검을 즐겁게 합니다. 이보다 더 풍습을 망치는 심한 일이 없으니 법을 어기는 자는 무섭게 벌하소서."

예조의 건의를 본 성종은 7년 후인 1479년 2월 29일, 예조에 종친과 대신들 집안의 제사에는 떡을 쓰고 유밀과를 쓰지 못하게 하라는 지시를 전했다. 하지만 세조의 경우처럼 성종의 금지령도 별로 효과를 보지 못했다. 성종의 아들인 연산군 대에 이르러서도 여전히 양반 사대부와 서민들은 잔치 때마다 유밀과를 올려 달콤한 맛을 즐기기에 바빴다.

1497년 1월 26일, 다시 조정에서 유밀과의 금지 문제가 논의된다. 이날 장령 이자건이 연산군에게 보고한 바로는 충의위의 홍식은 혼인하는 날, 저녁 잔치에 유밀과를 써서 금령을 범하였으며 이 밖에도 혼인 잔치 때마다 사람들이 앞다투어 유밀과를 만들어 내오니 재산을 소모하여 가난한 사람들이 결혼을 늦게 하게 된다는 내용이었다.

하지만 연산군은 "혼인은 한집안의 경사이니 보통 있는 잔치에 비할 것이 아니니다, 재산이 있는 자는 그들이 하는 대로 하게 할 것이다"고 하며 이자건의 건의를 받아들이지 않았다. 연산군이 사치와 향락을 즐기고 많은 신하를 죽이거나 귀양 보내기는 했어도 나름대로 통찰력과 융통성은 있었던 셈이다.

중종반정으로 연산군을 몰아내고 왕위에 오른 중종 무렵에도 신하들은 유밀과를 금지해야 한다고 주장했다. 1509년 6월 4일, 동지사 신용개는 다음과 같이 건의했다.

> "지금 백성들은 부모의 제사를 지낼 때, 유밀과를 많이 만들어서 놋쇠 그릇에 높이 쌓아 놓고 손님을 모아 풍악을 벌여 시체를 즐기게 하면서 이를 영철야(靈撤夜)라고 부릅니다. 가난한 사람은 이 풍습 때문에 유밀과를 만들 여력이 못 되어 기한이 지나도록 장례식도 치르지 못하니 관찰사에게 명하여 금지하게 하소서."

이보다 약 300년 후인 정조 임금 시대에도 유밀과는 문제가 되었다. 김한동이 1796년 11월 19일 정조에게 올린 상소는 민간의 부자들이 잔치를 벌여 손님들을 부를 때면 유밀과를 무려 3미터나 높게 쌓아 올릴 정도로 낭비와 사치가 심하니 금지하자는 내용이었다.

그럼에도 유밀과는 조선 시대와 일제 강점기를 거친 지금까지 여전히 사람들이 설이나 추석마다 즐겨 먹는 음식이다. 왕의 엄격한 법도 유밀과의 달콤한 맛을 이길 수는 없었던 것일까?

유밀과는 종류가 여러 가지인데 만두처럼 만들면 만두과라 하고 다식판에 넣고 만들면 다식과, 약과 판에 넣으면 약과라고 한다.

입을 즐겁게 해 주는 음료수

타락죽

타락죽은 고려 말 원나라의 지배를 받으면서 생겨난 음식이다. 우유와 찹쌀가루에 꿀을 넣고 약한 불에 끓여서 만드는 따끈한 수프다.

타락죽은 본래 우유를 잘 먹지 못하는 한국인들을 위해 만들어진 음식이다. 우유를 소화하는 유당(락토스)이 없던 한국인들은 우유를 생으로 마시면 배탈이 나기에 십상이었고 찹쌀을 함께 넣고 끓이는 타락죽 같은 방식으로만 겨우 겨우 섭취할 수 있었던 것이다.

하지만 우유나 치즈 등을 만들려면 많은 우유가 필요했는데 전통종인 한우는 젖이 적었고 목초지가 적은 조선의 자연 조건상 몽골이나 서양처럼 젖을 많이 뽑아내는 젖소를 키우기에는 부족했다.

그래서 타락죽은 많이 만들 수 없었고 고려와 조선 시대에는 왕실에서만 먹는 귀한 음식으로 취급받았다.

조선 시대, 왕실에서만 먹을 수 있었던
귀한 음료수인 타락죽.

이 때문에 1565년 8월 14일, 왕의 외삼촌인 윤원형은 대사헌으로부터 탄핵을 받았다. 타락죽을 만드는 요리사인 낙부(酪夫)를 자기 집으로 데리고 와 타락죽을 만들어 윤원형 자신은 물론이고 그 가족에게 먹인 일 때문이었다.

당시 윤원형은 영의정을 지낸 권력자였지만 아무리 권세가 커도 어디까지나 왕의 신하였다. 그런 신하가 감히 임금만이 먹을 수 있는 타락죽을 염치도 없이 실컷 포식한 일은 엄격한 신분 사회였던 조선에서 용서받지 못할 대죄였다.

또 선조 시절에는 명나라 사신에게 타락죽을 대접하는데 흰죽 위에다 타락죽을 조금만 넣고 준 일이 발각되어 외교적으로 문제가 되기도 했다.

영조 임금은 타락죽을 만들 때 많은 우유가 소모되고 송아지들이 어미소의 젖을 제대로 먹지 못해 허약하게 자라 농사를 짓는데 방해가 된다는 이유로 타락죽을 금지하는 명을 자주 내렸다.

오늘날 타락죽은 고급 한식당에서 가끔 나오는 음식으로 취급한다. 조선 시대나 지금이나 타락죽을 맛보기는 어려운 것 같다.

수정과

설날이나 추석 같은 명절이 되면 사람들은 어김없이 수정과를 만든다. 수정과는 계피와 생강과 꿀을 물에 넣고 곶감을 첨가하고 끓여 만드는 음료수다. 저자 불명의 요리 백과사전인 『군학회등(群學會騰)』에 의하면 수정과는 크게 수정과와 건정과로 나누어지고, 다시 수정과는 건시수정과(乾柹水正果)와 잡과수정과(雜果水正果)로 분류된다.

'건시수정과'는 말 그대로 말린 감인 건시, 즉 곶감을 넣은 수정과다. '잡과수정과'는 곶감 대신 잡다한 과일을 넣은 수정과를 뜻한다. 요즘에는 수정과에 곶감을 넣는 것이 일반적이지만 조선 시대에는 곶감 이외에도 사과나 배 같은 다른 과일들도 넣었던 모양이다.

곶감을 넣어 만든 건시수정과.
오늘날 가장 흔하게 볼 수 있는 수정과다.

원래 수정과에는 단맛을 내기 위한 조미료로 꿀을 넣었지만 오늘날에는 꿀값이 비싸져 꿀 대신 값싼 설탕을 넣는다.

임진왜란 때 조선에 온 명나라 장수 이여백은 용천에 당도했을 때 조선 측에서 준비한 수정과의 일종인 미후정과(獼猴正果)를 마셨다고 한다. 명나라 장수도 수정과를 좋아했던 모양이다.

식혜

수정과와 더불어 빼놓을 수 없는 전통 음료수가 식혜다. 식혜는 찹쌀에 엿기름가루를 끓인 물을 넣고 4시간 동안 삭힌 다음 꿀이나 설탕을 넣어서 만든다.

우리 조상이 언제부터 식혜를 마셨는지는 확실히 알 수 없다. 설날과 추석을 지내는 풍습이 자리 잡은 이후라 추정하고 있으나 문헌에 확실히 언급되는 때는 조선 후기에 가서이다.

영조 무렵인 1715년, 이표라는 사람이 지은 백과사전인 『소문사설(謏聞事說)』에 식혜라는 이름과 만드는 법이 처음 나타난다. 이 책에 언급된 식혜를 만드는 방법은 지금 우리가 하는 것과 다르지 않다.

쌀로 만든 전통 음료수인 식혜.

한 가지 차이가 있다면 소문사설에 나온 식혜는 추운 겨울에 마시는 음료수였으나 지금은 계절의 구분 없이 아무 때나 마실 수 있다는 점이다.

미숫가루

지금은 워낙 다양한 음료수에 밀려 뜸하지만 10년 전만 해도 한국에서 더운 여름을 나는데 제일 좋은 간식 중 하나가 미숫가루였다. 아무리 요리를 못 하는 사람이라도 그릇에 담아 물을 적당히 부으면 한 끼 식사대용으로 거뜬한 간식이 되니 컵라면 같은 현대 인스턴트식품 못지않게 편리하다.

미숫가루는 외래 식물인 고구마나 감자, 고추와는 달리 재래작물인 쌀이나 찹쌀만 가지고도 만들 수 있는 음식이다. 제조법은 비교적 간단한데, 쪄낸 쌀이나 찹쌀을 말려 볶은 다음 가루로 빻아 보관하고 물에 타 먹으면 된다. 이런 간단한 제조 방법으로 보아 그 기원이 삼국 시대나 고려 시대에 이미 생겼을 가능성이 높지만 문헌상의 자료가 부족한 형편이다.

다행히 조선에서 공식 편찬한 사서인 『조선왕조실록』에 보면 미숫가루를 기록한 기사들이 눈에 보인다. 1461년 11월 27일, 세조 임금은 북방의 국경 지역을 지키는 군사들에게 비를 피할 도구(雨具)와 미싯가루(糜食)를 충분히 준비하게 하라는 지시를 내렸다.

이보다 31년 후인 1492년 4월 19일 『성종실록(成宗實錄)』의 기사를 보면 여진족을 토벌하러 출정했던 북정 도원수 허종이 병사들로 하여금 20일 치의 미식(糜食)을 싸서 가도록 하였다

군사들의 휴대 식량으로도 쓰였던 미숫가루.

는 내용이 있다. 그리고 1611년 3년 3월 4일 『광해군일기(光海君日記)』의 기사에도 전라 병사인 유승서라는 사람이 여러 고을의 군사들에게 각자가 먹을 미숫가루(糜食)를 준비하게 했다고 한다.

오늘날은 미숫가루라고 부르고 있지만 조선 시대에는 미싯이나 미식 등으로 불렀던 모양이다. 그런 발음이 시간이 흐르면서 미숫이라고 변한 듯하다.

개국 초기, 조선을 위협하던 가장 큰 적은 북쪽의 여진족이었다. 이들은 조선의 국경 지역을 자주 침범하면서 약탈을 일삼았고 그때마다 조선은 대규모의 군대를 투입하여 여진족들이 사는 마을을 불태우고 저항하는 자들을 죽이는 강경책으로 맞섰다.

조선의 조정은 여진족에 대한 대규모의 토벌전을 감행할 때 북방을 지키는 상비군 이외에 수도 한양이나 남쪽의 군사들까지 동원하여 투입했다. 하지만 지금처럼 잘 닦여진 도로가 없던 그 시절에 두만강을 건너 만주까지 가려면 상당한 시일이 걸렸고 병사들도 고생이 많았다. 군대에서 50㎞ 행군을 몇 번 해본 사람이라면 무거운 장비를 짊어지고 먼 길을 걷는 것이 얼마나 발 아프고 힘든 일인지 짐작이 가리라.

장거리 원정을 하면서 많은 군사가 겪는 곤란이 식사 문제인데, 진공 포장법 같은 현대적인 음식 보관 기술이 없던 옛날에는 어떻게 했을까? 우리 조상은 그 해답을 위에서 언급한 것처럼 미숫가루 같은 휴대 식량을 만드는 것으로 해결했던 것이다.

특별히 까다로운 조리법이 있는 것도 아니고 그저 그릇과 숟가락 각각 하나에 물을 구할 수 있는 강이나 호수만 있으면 어느 곳에서든 한 끼 식사를 할 수 있는 미숫가루는 중세의 인스턴트식품이었다고 해도 지나치지 않다. 약 15분이면 요리와 식사, 뒷정리까지 모두 끝낼 수 있으니 행군 중이거나 적과 싸우다 잠깐 시간이 나서 식사를 할 때에 미숫가루는 더 없이 훌륭한 식품이었다.

미숫가루가 단순히 군사들의 휴대 식량만으로 쓰였던 것은 아니다. 흉년이 들어 곡식이 부족해지면 굶주린 백성들을 위해 나라에서 미숫가루를 풀어 먹이기도 했다(1533년 6월 21일, 『중종실록(中宗實錄)』 기사 참조). 우리가 TV 드라마에서 보는 것처럼 죽만 끓여 나눠주지 않고 미숫가루도 분배되었던 것이다.

바다가 주는 선물, 해산물

청어

지금 우리나라 사람들은 청어를 그다지 좋아하지 않는다. 청어는 몸에 기름기가 많아 잡은 후 잘 보관하지 않으면 금방 상하는데다 잔가시가 많아 씹기 불편하기 때문이다. 하지만 조선시대만 해도 청어는 우리 조상에게 매우 익숙한 음식이었다.

조선의 3대 왕 태종은 자신과 왕위를 놓고 2차 왕자의 난을 벌였다가 홍주로 유배된 형 이방간에게 쌀과 말린 청어를 보내주었다. 태종의 후계자인 세종대왕은 1420년 11월 22일, 종묘에 올릴 예물로 청어를 바치게 했다.

청어는 다른 나라와의 외교 관계에서 선물이나 분쟁을 일으키는 요소가 되기도 했다. 1429년 7월 19일, 세종대왕은 명나

청어.

라에 청어 5백 근과 고등어 2백 근, 도미 5백 근 등을 공물로 바쳤다.

지금과는 달리 조선의 바다에서는 청어가 많이 잡혔다. 그래서 조선의 어민들은 청어잡이에 열중했다. 세종대왕 시절인 1437년 5월 1일, 국가의 살림을 책임진 부서인 호조(戶曹)에서는 경상도와 전라도 및 충청도와 황해도의 백성이 앞다투어 청어를 잡아 큰 이득을 거둔다며, 이를 그대로 방치했다가는 많은 백성이 농사를 그만두고 바다로 가서 고기잡이를 할지 모른다는 우려의 보고서를 올리기도 했다.

이보다 103년 후인 1540년 4월 9일에는 전라도 보성의 어부 배만대(裵萬代) 등 15명이 청어를 잡으러 바다에 나갔다가 풍랑을 만나 배가 침몰하는 바람에 대마도에 표류하는 일이 발생했다.

또한 1544년 9월 26일, 가덕도에 성을 쌓는 책임자인 방호의는 언제 왜구가 쳐들어와 죽을지도 모르는 위험이 있음에도 웅천과 김해, 양산과 밀양에 사는 무수한 백성이 우도 앞바다에 고깃배 수백 척을 타고 모여 청어를 잡고 있다고 보고했다. 그 원인은 청어를 잡아서 얻는 이익이 매우 커서 왜구에게 죽는 것도 두려워하지 않기 때문이니 사실상 금지할 방법이 없다고 실토했다.

지금의 상식으로 보면 잘 이해가 안 되겠지만 조선 시대에는 농사를 가장 중요한 국가 산업의 기초로 여기고 상업이나 어업 같은 나머지 산업들을 멀리했다. 따라서 조선의 지배층들은 대부분 농부인 백성이 농업보다 청어를 잡는 어업에 종사하는 현실을 우려했던 것이다. 농부들이 청어를 잡으러 바다로 나가면 농사를 지을 사람이 줄어들게 되고 자연히 농업 생산량도 줄어드니 나라로서도 적지 않은 문제가 아니던가?

1592년 임진왜란이 발발하자 선조 임금은 백성의 민심을 수습하기 위해 여러 가지 조치를 했다. 그 중 하나가 백성이 나라

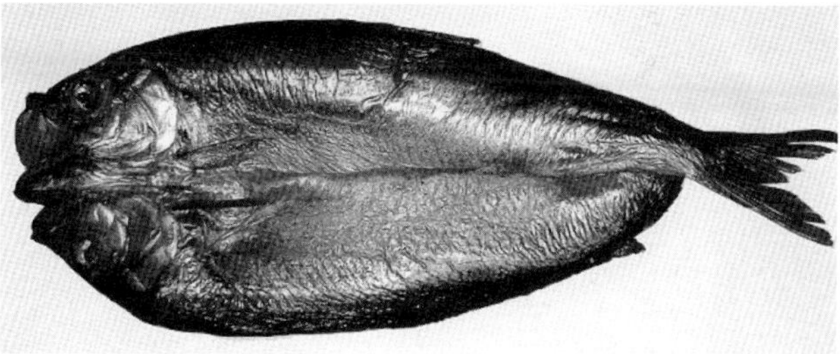

잘 구운 청어를 두 쪽으로 가른 모습.

에 바치는 신선한 청어(生青魚)의 양을 줄여주는 일이었다. 이 조치에 청어를 많이 잡아서 바쳐야 했던 황해도 해주 백성이 크게 환영했다고 한다.

임진왜란 와중에 청어 문제로 고심했던 장본인은 어업에 종사하던 백성들뿐만이 아니었다. 명장으로 이름 높은 충무공 이순신도 청어잡이에 골몰했다.

이순신이 지은 『난중일기』에 보면 청어잡이와 관련된 내용이 꽤 보인다. 1595년 12월 4일 자 『난중일기』에는 이순신의 부하인 황득중과 오수 등이 청어 7천 마리를 묶은 두름을 신고 왔으며 역시 하급 군관인 김희방이 곡식을 사러 가는 배에 청어들을 실어 계산해 주도록 했다고 나온다.

당시 이순신은 한산도에 둔전을 설치하고 농사를 지어 여기에서 나온 곡식으로 수군에 복무하는 병사들과 한산도로 몰려드는 피난민들을 먹였다. 하지만 둔전에서 생산되는 식량만으로는 그 많은 입을 다 먹여 살리기 부족했다.

그래서 이순신은 기회가 날 때마다 병사들을 동원해 청어를 비롯한 고기를 잡도록 했다. 그렇게 해서 얻은 청어들은 병사와 피난민들에게 공급되었고, 혹은 김희방이 한 것처럼 곡식을 취급하는 상인들에게 청어를 주고 대신 곡식을 받아오는 물물교환의 대상이 되기도 하였다.

한산도에 주둔한 조선 수군들의 청어잡이는 그 후로도 계속되었다. 1596년 1월 4일 자 『난중일기』에는 이순신의 부하인 송한련과 송한 등이 청어 1천여 마리를 잡았으며 이순신이 나

이순신의 군사들에게 매우 중요한 식량이었던 청어.

간 사이에 8백 마리를 더 잡았다고 한다. 이틀 후인 1월 6일에는 하루 종일 비가 내리는 와중에도 오수와 박춘양 등이 청어 2,080마리를 잡아와 이를 하천수가 받아서 말리는 작업을 했으며 황득중은 청어 묶음 2백 개를 바쳤다.

『난중일기』를 보면 현재와는 달리 조선 수군들은 청어를 살아있는 그대로 먹기보다는 말려서 먹는 방식을 선호했던 것 같다. 앞에서 설명했듯이 몸에 지방 성분이 많은 청어는 부패하기 쉽다. 게다가 바다와 가까운 거리에 있는 수군 본부에서는 대규모의 인원이 동시에 활동하는 터라 자칫하면 청어가 병사들의 몸에서 옮긴 세균에 감염되어 이를 먹은 조선 수군과 피난민들이 식중독을 일으킬 우려가 있었다. 그래서 가급적 수분과 기름기를 제거하고 건조한 상태가 된 청어를 먹었던 것 같다.

1월 6일 자 『난중일기』 기사를 보면 사도첨사 김완이 술을 가지고 와서 군량 5백 섬을 마련해 놓았다고 보고한다. 아마 잡아 놓은 청어를 가지고 상인들에게 가서 곡식으로 바꿔 놓은 듯하다.

사흘 후인 1월 9일에는 이순신 본인의 입으로 날씨가 매우 추워서 살을 에는 것 같다고 술회한다. 그런 와중에도 부하 군관인 오수는 청어 360마리를 잡아왔고 이를 하천수가 싣고 쌀을 얻기 위해 곡식 상인에게 갔다고 전한다.

이순신은 이렇게 해서 얻은 청어를 종종 다른 사람들에게 보내주기도 했다. 1596년 2월 13일 자 『난중일기』에는 제주도를 지키고 있던 목사 이경록에게 식량으로 쓰일 청어와 대구에다 화살대를 만드는 전죽을 함께 보냈다는 내용도 있다.

같은 해 10월 11일, 진무성이 청어 4,300두름을 가지고 왔다는 내용을 끝으로 『난중일기』에 청어 관련 부분은 더 이상 등장하지 않는다. 아마 조정에서 보내주는 식량 사정이 나아져 청어잡이에 의존할 필요가 없어진 듯하다.

임진왜란 내내 조선인들은 전쟁의 충격과 그 여파로 발생한 혼란통 때문에 굶주림에 시달렸다. 하지만 이순신은 둔전 개간과 청어잡이라는 두 가지 요소를 최대한 활용하여 병사들의 굶주림을 해결했고 그 덕분에 수군의 전투력을 유지하여 일본 수군과의 전쟁에서 승리를 거두고 끝내 나라를 지킬 수 있었다.

임진왜란이 끝나고 나서도 청어는 조선인들에게 귀중한 물품으로 쓰였다. 광해군 시대인 1618년 4월 8일, 소명국이란 사람은 광해군의 심문을 받는 자리에서 자신과 한패인 익엽이 청어 2백 개를 광릉을 지키는 유참봉에게 뇌물로 주고 그 대가로 서까래로 쓰일 나무 2백 그루를 벌목하게 했다고 자백하기도 했다.

오늘날 청어는 직접 먹기보다는 말려서 과메기로 먹는 방식이 더 선호 받고 있다. 개인적으로 필자는 행정 인턴을 지내던 2010년, 공무원 교육 기관의 구내식당에서 청어를 먹어 보았는데 잔가시가 많아 씹기에는 다소 불편했으나 맛은 제법 괜찮았던 것으로 기억한다.

대구

대구는 주로 차가운 바다에 사는 고기다. 우리나라 동해안에서는 예로부터 대구가 많이 잡혔다. 배를 타고 바다로 나가 고기를 잡았던 선사 시대부터 사람들은 대구를 잡았을 것이다. 그러나 문헌 기록에 대구가 언급되는 때는 조선 시대가 처음이다.

조선 시대에 대구는 대구어(大口魚)라고 불렸다. 『세종실록지리지』에 따르면 대구는 경상도와 함경도 등 주로 동해안에서 많이 잡혔고 조정에 바치는 진상품에도 끼어 있었다. 서해는 따뜻해서 대구가 잘 살지 않았고 수온이 낮고 수심이 깊은 동해에서 대구가 많이 살았던 것이다.

조선 시대 사람들은 대구를 잡아서 그냥 먹기도 했지만 대구를 말리거나 대구 알을 소금에 절인 알젓을 만들어 먹기도 했다. 1424년 8월 21일 자 『세종실록』에 의하면 경상도와 강원도와 함경도의 감사들이 진상해 올리는 대구의 알젓은 간이 맞도록 잘 담가서 9~10월 사이에 진상하라는 내용이 나온다.

조선이 명나라에 바치는 조공 물품 중에는 대구도 있었다.

진상품으로 쓰인 귀중한 생선 대구.

1428년 11월 8일, 조선의 사신인 한혜는 명나라 선덕제에게 대구 1천 마리를 바쳤는데 선덕제는 그 답례로 한혜에게 모관(毛冠)과 옷, 갓과 목화 등을 선물했다.

이보다 50년 후인 1478년 12월 21일, 명나라 헌종은 조선에 마른 대구를 조공품으로 보내라고 요구했다. 조선에서 나는 대구가 명나라 황제의 입맛에도 맞았던 모양이다.

명나라 이외 다른 나라들과의 외교 관계에서도 대구는 중요한 역할을 했다. 1461년 4월 22일, 대마도의 태수 종성직의 어머니가 죽자 세조 임금은 그에게 장례에 쓸 부의품으로 대구 1백 마리를 보내주었다.

그런가 하면 북방 국경 지대의 여진족들과의 관계에서도 대구는 중요했다. 연산군 무렵에는 함경도 북쪽의 여진족들에게 매년 절도사와 관찰사가 각각 두 차례씩 잔치를 베풀었는데 그때마다 대구가 1천여 마리씩 지급되었다고 한다.

연산군도 대구를 좋아했다. 1502년 10월 23일, 연산군은 경상도 감사 안윤덕과 함경도 감사 민효증, 강원도 감사 박원종

등에게 "반쯤 마른 대구를 바치라"고 지시했다.

중종반정으로 왕위에 오른 중종 무렵에는 왕권이 약하고 정국이 불안하여 자주 역모 사건이 일어났다. 1509년 10월 29일, 역모 혐의자로 끌려온 이흔과 이이 및 여진성 등은 서로 만나 저녁을 먹을 때 술과 함께 안주로 대구와 잣을 먹었다고 자백하기도 했다.

그러나 대구를 잡아 조정에 바치는 일은 백성에게 종종 어려운 부담이 되기도 했다. 1568년 6월 4일, 함경도 순무어사 김명원은 선조 임금에게 올린 장계(狀啓, 왕명을 받고 지방에 나가 있는 신하가 자기 관하의 중요한 일을 왕에게 보고하던 일 또는 그런 문서)에서 "명천 이남 지역의 백성이 1척 4촌(약 38.7㎝) 크기의 대구를 잡아 진상하는 일을 무척 괴로워했습니다"고 보고하기도 했다. 이 장계로 인하여 대구 진상의 문제는 이후 조정에서 꾸준하게 논의되었다.

임진왜란이 일어나자 조선에 온 명나라 군사들을 대접해야 했는데 선조 임금은 이때 그들에게 술안주로 대구 2백 마리를 주라고 지시를 내리기도 했다(1593년 9월 27일).

청나라가 쳐들어온 병자호란 무렵인 1637년 1월 15일, 도원수 심기원이 보낸 군관 지기룡은 대구의 알과 연어 등을 가져와 남한산성에 피신해 있는 인조에게 바쳤다. 그런데 함께 가지고 온 장계에는 인조를 구하기 위해 조선 각지에서 온 구원병들이 모두 청나라 군대에게 패배했다는 내용도 적혀 있었다. 더 이상 도움을 받을 수 없게 된 인조는 결국 얼마 후 청나라

말려서 먹기도 했던 대구.

에게 항복하는 삼전도의 굴욕을 맛본다. 아마 그때 가져온 대구 알은 인조에게 무척 쓰디쓴 맛으로 느껴졌을 것이다.

선조 시대에 논의된 대구의 진상 문제는 그로부터 약 1백 년 후인 현종 시대에 본격화된다. 1659년 10월 15일, 당대 제일의 유학자 송시열은 현종에게 "함경도 감사가 보낸 장계 중에서 노란 대구를 바치는 일이 가장 민폐를 끼치니 적당히 줄여 주시는 것이 타당합니다"고 건의를 올렸고 현종도 그 말에 동감하였다.

이로부터 약 50년 후인 숙종 시대에 들어서자 조선 각지에 흉년과 가뭄이 계속되어 많은 백성이 굶어 죽는 비극이 발생했다. 그러자 숙종 임금은 굶는 사람이 많았던 함경도 갑산 지역에서 잡히는 대구를 조정에 바치지 말고 그 지역 주민에게 나누어 먹게 하여 굶주림을 달래라는 지시를 내리기도 했다.

오늘날에는 한반도 인근 해역에서 대구의 어획량이 다소 줄어들었다. 하지만 그럼에도 대구는 여전히 널리 사랑받는 생선이다. 경남 진해의 명물 음식 중 하나로 약대구가 있는데 알이 든 암컷 대구를 통째로 말린 것이다. 우리나라에서 대구는 주로 국을 끓여 먹는 방식으로 애용된다.

오징어

우리나라 사람들이 일상에서 가장 자주 먹는 생선 중 하나가 오징어다. 삼면이 바다로 둘러싸인 한반도의 거의 모든 지역에서 오징어가 잡혀 그만큼 쉽게 먹을 수 있기 때문이다. 오징어는 언제 처음 먹기 시작했을까? 문헌 기록에 의하면 조선 시대부터 오징어의 식용이 본격화된다.

1421년 1월 13일, 『세종실록』에 의하면 제주도에서 잡히는 오징어가 조정에 진상하는 물품목록 중 포함되어 있었다. 지금처럼 조선 시대 사람들도 제주도산 오징어를 가장 좋은 상품으로 여겼던 모양이다.

이밖에 『세종실록지리지』에서는 경기도 인천, 충남 공주와 홍주, 전라도 전주와 나주, 경상도의 경주와 진주, 강원도 간성과 평안도 의주 등지에서 오징어가 잡힌다는 내용이 있다.

조선에서 나는 오징어는 명나라 사람들도 좋아했다. 1429년 7월 19일, 세종대왕은 명나라에 오징어 2백 근을 공물로 바쳤다. 그리고 1452년 4월 6일, 명나라에서 온 사신은 음식을 다루는 조선인 관리인 관반에게 "내가 올 때에 유참장이 명복간(明腹肝)

오징어.

을 얻고 싶어 하는데 그게 무엇이냐?"라고 묻자 관반이 "오징어라고 합니다"고 말했다. 그 말을 들은 문종 임금은 명나라 사신을 접대하는 관청인 태평관에 오징어 2천 마리를 보내 명나라 사신들을 대접하는 음식으로 쓰게 했다.

또 세조 임금 시절인 1468년 4월 10일, 조선에 온 명나라 사신 강옥은 조선 측에서 대접하는 음식으로 5일마다 말린 오징어 6백 마리를 받았다. 조선 시대에도 지금처럼 오징어를 말려서 먹었던 것이다.

성종 임금 시절에는 이런 일도 있었다. 1472년 6월 9일, 경상도 관찰사 윤필상과 전라도 관찰사 김양경이 왕에게 상소를 보냈다. 그 상소문에는 "경상도와 전라도에서 잡히는 오징어는 제주도산 오징어보다 크기가 작아 큰 오징어를 바치기가 어렵고 백성이 오징어를 잡느라 고생이 많습니다"라는 내용이 적

잡은 오징어를 햇볕과 바람에 말리고 있는 모습.

혀 있었다. 그러자 성종은 잡히는 양에 따라서 오징어를 조정에 바치는 양을 정하라고 지시했다. 이 상소문의 내용으로 보아 조선 사람들은 작은 오징어보다는 큰 오징어를 더 선호했던 것 같다.

어민들이 오징어를 잡느라 고생스럽고 또 폐단이 많다는 문제는 이후 조정에서도 계속 논의가 된다. 숙종 시절인 1702년 7월 12일, 제주도에서는 다음과 같은 장계가 올라왔다. 제주도 바다에서 각종 오징어를 잡는 일들이 모두 어부들의 아내인 잠녀(해녀)들에게 부여되는 바람에 잠녀들이 너무나 괴로워한다는 내용이었다.

정조도 제주도의 오징어 공납 문제에 관심이 있었다. 1788년 9월 30일, 정조는 제주도에 전염병이 돌아 수많은 사람이 죽자 제주도에서 바치는 오징어의 양을 즉시 줄여주어 백성의 부담을 덜도록 지시했다.

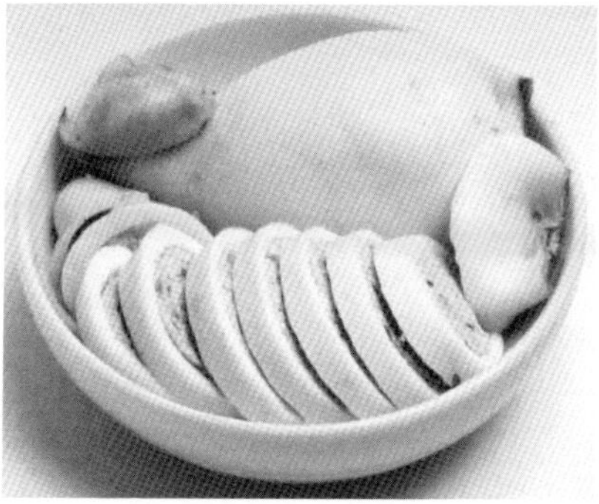
오징어 속에 소를 채워 만든
강원도의 음식 오징어순대.

정조 시대에 활동했던 조선 말의 유명한 학자 정약용은 흑산도로 귀양 가 있을 때 집필한 어류 관련 서적인 『자산어보(玆山魚譜)』에서 오징어에 대해 다음과 같이 기록했다.

> "살이 매우 부드럽고 달콤하여 날로 먹거나 말려서 먹어도 좋다. 뼈가 약효가 있어서 갈아서 바르면 상처가 낫고 새 살이 돋는다."

조선 시대의 민간요법에서는 오징어의 말린 뼈를 갈아서 다친 곳에 바르면 상처가 낫는다고 했다. 그래서 예전 시골에서는 오징어의 뼛가루를 보관하고는 했다.

지금도 우리나라 사람들은 오징어를 즐겨 먹는다. 단순히 생으로 먹는 회에서부터 기름에 튀기거나 국에 넣고 끓여 먹기도 하며 혹은 창자를 꺼내고 빈속에 고기와 나물을 버무린 소를 넣고 찜통에 쪄낸 오징어순대와 가공하여 만든 과자에 이르기까지 오징어의 조리법은 실로 무궁무진하다. 오징어에 대한 사람들의 애정이 오징어를 사용하는 다양한 요리를 만들고 발전시킨 것이다.

전복

전복은 조개류에 속하는 종으로 수준 높은 횟집이나 식당에서 내놓는 고급 음식재료다. 우리나라에서는 제주도를 비롯한 남해안 일대에서 주로 잡히는데 문헌 기록에 따르면 조선 시대부터 전복에 관한 내용이 나타난다.

전복에 관한 최초의 기록은 1417년 6월 12일 자 『태종실록

조선 시대부터 귀한 식재료로 여겨졌던 전복.

(太宗實錄)』에 나온다. 조선의 세 번째 임금인 태종은 자신의 딸 경안공주와 결혼한 사위인 권규에게 약주와 전복을 내려주었다. 약주를 마실 때 술안주로 곁들여 먹으라고 전복을 주었던 모양이다.

조선의 전복은 명나라에도 공물로 바쳐졌으며 그 때문에 명나라 사람들도 조선 전복을 무척 좋아했다. 1468년 7월 5일, 세조는 조선에 온 명나라 사신인 강옥과 김보에게 주는 음식 중 말린 전복 묶음 1백 개를 주었다. 이미 조선 시대에도 사람들은 전복을 말려 먹었던 것이다.

명나라 헌종 황제는 조선에서 바치는 전복 요리를 즐겨 먹었다. 1481년 12월 22일, 명나라를 다녀온 한치형은 성종 임금에게 "황제는 조선의 전복을 좋아하며 전복에 대구와 돼지고기와 양고기를 넣고 끓인 탕을 먹고 남긴 것을 나중에 다시 먹습니다"고 보고했다.

다양한 음식을 즐긴 미식가이기도 했던 연산군은 1505년 7월 24일, 일본에서 나는 전복을 구해 바치라는 명을 내리기도 했다.

그러나 전복은 그 높은 가치 탓에 분쟁의 대상이 되기도 했다. 1474년 9월 11일, 성종 임금은 전라도 관찰사 이극균에게 다음과 같은 내용의 지시를 전달했다.

> "이제 듣건대 전라도 안의 광양과 순천과 흥양과 낙안 등의 고을 사람들이 바다 가운데 먼 섬에 깊이 들어가서 큰 전복을 따다가 일본 배들과 만나서 서로 죽이고 노략질 한다고 하니 장차 변경에 분란이 날까 깊이 염려된다. 가까운 섬에는 큰 전복이 나지 아니하는지 여부와 전복을 따는 먼 섬의 지명과 기타 채취하는 해산물의 목록을 자세히 물어서 전달하라."

전복은 조선뿐 아니라 일본인들도 훌륭한 해산물로 여겼다. 그래서 일본 어민들도 먼바다까지 나가서 전복을 채취하다 조선 어부들과 만나 전복을 놓고 서로 싸움을 벌이는 일도 있었다. 성종은 이런 분쟁이 크게 문제화되어 자칫 일본과 전쟁이라도 날 수 있는 사태를 우려했다. 그래서 어부들이 먼 바다로 나가 전복을 채취하는 일을 제한하고자 했던 것이다.

한편, 중종 시대에는 전복의 주된 산지인 제주도에서 잡히는 전복의 양이 줄어들어 문제가 되기도 했다. 1518년 3월 9일, 양진이란 사람은 제주도의 전복 생산량이 예전보다 적으니 전복을 크기에 따라 대(大)와 중(中)과 소(小)로 분별하고 크기가 제일 큰 대전복은 조정에 바치는 양을 다소 줄여주는 것이 어떠냐는 건의를 올렸다. 이에 중종은 전복을 굳이 크기에 따라

세 분류로 나눌 필요는 없으며 백성에게 폐가 있으면 마땅히 조처해야 한다고 대답했다.

앞에서 언급한 것처럼 전복은 잡기가 어려워 귀한 해산물로 여겨졌다. 그래서 전복을 잘못 보관하여 도둑을 맞게 되면 관련 책임자들은 큰 벌을 받았다. 명종 무렵인 1546년 5월 17일, 사옹원(조선시대 임금의 식사와 대궐 안의 식사 공급에 관한 일을 관장하기 위하여 설치되었던 관서)에서 보관하던 전복을 누군가에게 도둑맞은 일 때문에 5~6년 동안 근무한 군사들이 세 번이나 벌을 받은 일이 있었다. 임금이 낮에 받는 학습 강의인 주강에 참석했던 참찬관 송세형은 이 일을 두고 명종에게 이는 억울한 형벌이라고 건의하기도 했다.

전복은 뇌물의 대상이 되기도 했다. 1553년 10월 23일, 서엄은 탐관오리들이 중국으로 가는 사신들에게 전복을 주고 그것들을 귀한 중국제 물품으로 바꿔 달라는 청을 하고 있다면서 비리를 고발하는 상소를 올렸다.

일찍이 성종이 예측한 대로 전복 때문에 조선과 일본 사이에 분쟁이 생긴 일도 있었다. 1588년 11월 17일, 손죽도에 침범한 왜구들에게 조선인 군관 김개동과 이언세가 잡혀갔다가 탈출하여 조선으로 돌아왔다. 귀국한 그들은 조정에 자신들이 일본에서 보고 겪었던 일을 보고했는데 그중에서는 전복과 관련된 사항도 있었다.

"사화동이란 자는 우리나라 진도 사람으로 왜구에게 잡혀가 온갖 충성을 다한 자인데 저에게 이르기를 '이곳은 풍속 과 인심이 매우 좋아서 살만하니 너희는 두려워하지 말라, 조선은 부역이 매우 고되고 크고 작은 전복을 한정 없이 징수하여 감당할 길이 없으니 이곳에 그대로 거주하라, 지난 연초에 마도 가리포를 침범하려다가 바람이 불순하여 손죽도에 정박하였는데 이는 내가 인도해 준 것이다'고 하였습니다."

놀랍게도 조선을 침범한 왜구들의 앞잡이 중 조선인이 있었던 것이다. 위의 지문으로 보아 사화동은 전복을 채취하던 진도 출신의 어부 같은데, 왜구에게 잡혀갔다가 오히려 그들과 결탁하여 왜구가 조선을 침범하는데 길잡이 역할까지 하며 도왔다고 한다. 아마 조정에서 요구하는 전복의 양이 많아 괴로워하다가 왜구에 잡혀가자 조정에 대한 반감을 절묘하게 이용하여 왜구들의 편에 서서 조선을 공격했던 것 같다.

그러나 이는 조선으로서는 용서할 수 없는 매국 행위였다. 이 일이 있은 후 얼마 안 되어 조선은 왜구들에게 다시 조선과 교역을 하고 싶으면 사화동을 조선에 넘기라는 통보를 한다. 왜구 측에서도 고작 조선인 배신자 하나 때문에 조선과의 교역이라는 이익을 포기할 수는 없던 터라 사화동을 조선으로 보냈다. 사화동은 직접 선조의 국문을 받고 온몸이 갈기갈기 찢겨 죽는 사형에 처해졌다.

왕이나 지체 높은 양반은 아니지만 바다에서 시간을 보냈던 사람들도 전복을 맛볼 기회가 있었다. 임진왜란 때 활약한 조선의 명장 이순신도 가끔 전복을 먹어보고는 했다. 1593년 6월 8일 자 『난중일기』에 따르면, 그날 아침 영남수사의 부하인 우후가 산 전복을 보내자 그에 대한 답례로 이순신은 구슬 서른 개를 보내 주었다.

같은 해 9월 4일, 이순신은 그동안 조정에서 자신을 도와주고 지원해 준 선배이자 은인인 영의정 류성룡에게 고맙다는 편지와 함께 전복을 선물했다.

1595년 5월 21일, 이순신은 어머니의 안부를 몰라서 답답해하다가 하인인 옥이와 무재 등에게 전복과 밴댕이 젓갈과 물고기 알 몇 점을 들려서 어머니에게 보냈다. 조선 시대 사람들도 밴댕이를 절인 젓갈을 먹었던 것이다.

숙종 시대인 1704년 5월 5일, 제주도에서 채취되는 전복과 관련해 조정에서 다시 논의가 벌어졌다. 제주도 주민 중 세금을 내기 싫어하는 사람들은 사사로이 바다에 들어가 전복을 채취하는데 관아에서 이를 금지하려 해도 전복을 불법으로 채취하는 어민들은 빠른 배를 타고 이동하는 데다 수가 많아 힘으로 막기 어렵다는 내용이었다. 그래서 제주도 목사 이형상의 말대로 사사로이 전복을 채취하는 무리를 엄금하자는 건의였다.

하지만 숙종은 1716년 5월 10일, 제주도에서 진상하는 전복의 양을 3분의 2가량 줄이라고 지시했다. 사사로운 전복 채취 금지보다는 우선 어민들의 부담이 적도록 전복의 양을 줄이는 것이 더 중요하다고 생각했던 것이다.

조선 후기로 접어들자 전복은 보기 어려운 음식이 되었다. 오늘날과 달리 조선 시대에는 양식 기술이 없었기 때문에 전복의 생산량이 일정하지 않았다. 그래서 1801년 1월 28일, 순조 임금은 이제부터 생전복이나 말린 전복 및 익힌 전복은 영원히 바치지 말라는 명을 내렸다. 전복을 채취하는 일이 너무 힘들어 한때 제주도에서 반란이 일어났을 정도였던 점을 참작한 조치였다.

오늘날 전복은 양식 기술이 발달하여 계절이나 신분의 높고 낮음에 관계없이 손쉽게 구할 수 있는 음식이 되었다. 전복을 먹을 때 이것을 잡기 위해 옛날 사람들이 들인 노력을 한 번쯤 생각해 보는 것이 어떨까?

조기(굴비)

한국인들이 가장 좋아하는 생선 중 하나는 조기다. 조기는 언제부터 우리의 생활 속으로 들어왔을까? 지금으로부터 3천 년 전, 울산에 고래를 잡는 어부들을 그린 암각화가 새겨진 것으로 보아 한반도의 선주민들은 상당히 오래전부터 바다에 나가 고기를 잡았다. 당연히 조기잡이의 역사도 그만큼 되었을 것이다.

조기에 관한 기록이 정확히 언급되는 때는 고려 시대로 17번째 왕인 인종 무렵 영광 지역에서 조정으로 조기를 진상물로 바쳤다고 한다. 여기서 조기와 고려 왕실에 얽힌 재미있는 이야기가 하나 전해져 온다.

인종은 두 왕비를 맞이하고 살았다. 그녀들은 당대의 최고 권신이었던 이자겸의 셋째 딸과 넷째 딸이었다. 쉽게 말하면 이자겸은 인종의 장인인 셈인데 여기서 끝나는 게 아니라 인종의 외조부이기도 했다. 이자겸의 둘째 딸이 인종의 아버지인 예종에게 시집을 가 낳은 아들이 바로 인종이었다. 그러니 인종은 자기 외할아버지의 딸이자 어머니의 여동생인 이모들과 결혼을 한 것이다.

고려 왕실에서 이런 식의 근친혼은 매우 흔했다. 이복 남매가 서로 결혼하는 일도 있었고 한 남자가 자매를 동시에 아내로 취하는 일도 드물지 않았다. 물론 고려 왕족들이 무슨 스와핑처럼 성적 일탈을 위해 그렇게 했던 것은 아니었다. 왕실을 번창시키고 아울러 성스러운 왕가의 피를 지키기 위한 나름의 방편이었다.

어쨌든 임금의 외조부이자 장인이 된 이자겸은 어린 왕을 대신해 사실상 나라의 실권을 장악한 권력자였다. 하지만 사람의 욕심이란 게 원래 끝이 없는 법이다. 그 정도로 권세를 누리고 있으면서도 이자겸은 더 큰 것을 바랐다. 형식적이나마 왕의 신하에서 머무르는 정도가 아니라 아예 힘없는 왕을 몰아내고 자신이 옥좌에 앉으려는 야심을 품었다. 못할 것도 없었다. 이미 고려의 실권자는 왕이 아니라 자신이 아니던가?

마침내 이자겸은 자신이 거느린 군사들을 동원해 왕궁에 불을 지르고 인종을 보호한다는 명분을 대며 그를 저택으로 데려와 연금시켰다. 그리고 자신을 스스로 나라의 일을 알고 맡는 '지군국사(知軍國事)'라고 부르며 국가의 모든 중대사를 자신의 집에서 처리했다. 무신정권을 연 최충헌이 했던 일을 그가 1백 년 앞서 먼저 한 것이다.

이자겸의 위세에 겁을 먹은 인종은 혹시 그가 정변을 일으켜 자신을 죽이지 않을까 하고 두려워했다. 그리고 가만히 있다가 이자겸에게 죽기 전에 목숨이라도 건지려면 그에게 왕위를 넘겨주어야겠다는 생각마저 하게 되었다.

그러나 고려가 아직 망할 때는 되지 않았던 모양이다. 이자겸의 전횡(專橫)을 미워한 조정 대신들이 나서서 인종을 지원했고 때마침 이자겸의 휘하에 있다가 그에게 원한을 품고 사이가 나빠진 척준경이 왕의 편으로 돌아섰다.

이런 분위기를 파악한 인종은 몰래 척준경에게 사람을 보내 "비록 지금은 그대가 이자겸의 수하이지만 한때는 윤관 장군과 함께 북방을 누비던 영웅이 아니었소? 지난날의 잘못은 따지지 않을 테니 다시 짐과 나라를 위해 일해 주시오"라고 설득했다. 아울러 이자겸을 치는데 앞장서면 지금까지 그가 누리고 있던 권세를 척준경에게 넘겨주겠다는 암시도 덧붙였다.

가뜩이나 이자겸에 대해 불만을 품고 앙앙불락(怏怏不樂) 하던 척준경은 왕의 제의를 받자 뛸 듯 기뻐하며 동의했다. 그리고 자신이 거느리던 예전의 군사들을 모아 이자겸의 저택을 급습했고 그를 포박해 왕에게 끌고 오는 데 성공했다.

나라의 제1 대신에서 이제는 역적으로 전락한 이자겸은 모든 부와 권력을 빼앗기고 지금의 전라남도 영광으로 유배를 갔다. 그나마 왕의 장인이자 외조부라는 인척 관계 덕분에 목숨만은 건질 수 있었던 것이다.

이렇게 해서 영광으로 귀양을 간 이자겸은 춥고 배고픈 생활을 하며 과거의 영광을 허무하게 덧씹는 늙은이가 되었다. 그런 그에게 한 가닥 위안거리가 있었는데 바로 영광 앞바다에서 잡히는 조기를 맛보는 일이었다. 특히, 소금에 절인 조기를 굽거나 끓여 먹을 때면 자신이 귀양살이하고 있다는 사실을 잠시나마 잊을 수 있었다.

영광의 백성은 매년 조정에 공물을 바쳤는데 거기에 조기도 있었다. 인종 때 처음 바쳤는지 아닌지는 알 수 없지만 좌우지간 영광에서 진상된 조기는 왕실로 향했고 임금인 인종은 조기를 먹어 보고는 그 맛에 반해 감탄을 금치 못했다.

잡은 조기를 말리고 있는 모습.

그러다 문득 '영광'이라는 말을 듣고 그곳에 유배된 이자겸이 떠올랐다. 쫓아 보냈지만 그래도 자신의 가족이니 그의 신세가 궁금했던 인종은 사람을 보내 이자겸에게 안부를 전했다. 그리고 영광에서 바친 생선이 무척 맛있는데 이것이 대체 뭐냐고 묻는 말도 덧붙였다.

왕의 말을 들은 이자겸은 소금에 절인 조기는 '굴비'라고 부른다며 말을 둘러댔다. 이 굴비라는 단어에는 의미심장한 뜻이 있었는데 풀어 해석해 보면 절대로 굴복하지 않겠다는 말인 굴비(屈非)였다. 귀양을 갔지만 그래도 한 가닥 자존심은 남아 있었던 것일까?

좌우지간 이렇게 해서 조기는 굴비라는 다른 이름으로도 불리었다. 그리고 고려 중기에 접어들면서 본격적으로 세상에 나오게 되었다.

조선 무렵에도 조기는 영광군에서 조정으로 바치는 공물이었다. 세종대왕 때 편찬된 『세종실록지리지』에도 영광의 특산물로 조기를 기록하고 있다. 이자겸처럼 조선 시대에도 굴비와 얽힌 유명 인사가 있는데 바로 병자호란 때 활약한 임경업 장군이다.

임진왜란의 영웅인 충무공 이순신에 비할 바는 아니지만 청나라와의 항쟁에서 가장 이름을 떨친 사람이 바로 임경업이다. 그는 의주의 요충지인 백마산성을 잘 정비하고 군사를 주둔시켜 청나라의 침공에 대응하려 했지만 예상을 뛰어넘는 청나라의 기습 공격에 그만 국왕인 인조가 항복하는 바람에 뜻을 펴지 못했다.

삼전도의 치욕을 겪었지만 여전히 청을 미워하던 임경업은 명나라와 손잡고 청을 치려는 대담한 계획을 세웠다. 그는 자신과 뜻을 같이한 사람들과 함께 명나라로 건너가 4만의 군사를 거느릴 권한을 가진 '평로장군(平虜將軍)'의 직책을 받았다. 가히 입지전적인 인물이라 부를 만하다.

물론 그가 실제로 청군과 맞서 큰 전과를 거둔 일은 없지만 당시 조선에서 가장 신망을 받고 있던 사람은 단연 임경업이었다. 오랑캐에 무릎을 꿇은 무능한 왕이나 척화냐 주화냐를 두고 입방아만 찧고 있던 한심한 대신들에 질린 백성에게 조선 사람으로 대국 명나라에서 벼슬까지 받으며 청나라와 대결했던 임경업은 그야말로 속 시원한 활약상을 펼치는 조선의 돈키호테였다.

이런 임경업이 조기와 무슨 연관이 있느냐고 궁금해할 독자들이 있을 것이다. 임경업과 조기 또는 굴비에 얽힌 이야기는 다음과 같다.

앞에서 언급한 대로 임경업은 명나라로 가기 위해 배를 타고 바다를 건너던 도중 풍랑에 휩쓸려 인천 서쪽의 연평도로 표류하고 말았다. 이 작은 섬에서 지내게 된 임경업 일행은 준비한 식량이 바닥나 고생을 했는데 먹거리를 찾기 위해 고심하던 임경업은 해안가에 나무를 깎아 만든 기둥을 세우고 그 틈에 그물을 쳤다. 이윽고 썰물이 되자 미처 빠져나가지 못한 조기들이 그물에 가득 걸려 있었고 배고픈 사람들은 그것들을 잡아

실컷 배를 채웠다. 그리고 섬을 떠나기 전, 임경업은 연평도의 주민에게 자신이 고안한 고기잡이 법을 가르쳐 주었고 이것이 연평도 어부들이 조기를 잡을 때 쓰는 방법이 되었다고 한다.

물론 이 일화는 사실로 보기 어려운 전설이다. 아마 임경업을 추앙하고 청나라와 조선 조정에 반감을 품었던 민중들이 적당히 지어낸 풍문일 것이다.

하지만 실제 역사야 어찌 되었든 오늘날 연평도를 비롯한 서해안의 많은 마을에서는 고기를 잡으러 바다로 나갈 때마다 임경업 장군을 조기잡이의 수호신으로 모시고 제사를 지낸다. 진정한 영웅을 찾는 사람들의 마음은 시대를 뛰어넘어 전해지는 법이다.

속을 든든하게 해주는 육류

쇠고기

오늘날 우리나라 사람들이 제일 좋아하고 최고로 치는 고기는 단연 쇠고기이다. 그렇다면 우리나라에서는 언제부터 쇠고기를 먹었을까?

문헌에 의하면 삼국시대, 고구려에서 소나 돼지의 고기를 양념에 절여 꼬치에 구워먹는 맥적 요리가 있었다. 또 통일신라시대 귀족들은 소를 섬에다 방목하고 먹고 싶을 때마다 화살로 잡아 먹었다.

고려 시대에는 살생을 금하는 불교가 성행하면서 쇠고기 등 육류 문화가 다소 주춤하기도 했다. 하지만 그렇다고 고기를 먹는 관습이 아주 사라진 것은 아니었다. 고려 중기, 강력한 권

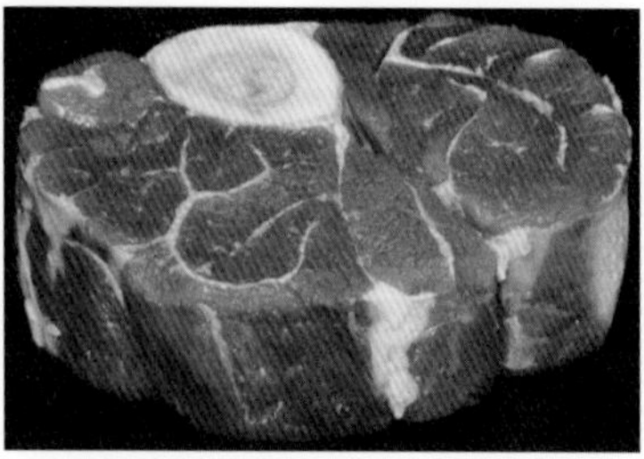
살코기와 지방이 잘 어울린 쇠고기의 단면도.

신이자 왕실의 외척이었던 이자겸의 창고에는 사람들이 뇌물로 바친 고기가 수만 근이나 쌓여 고기 썩는 냄새가 진동했다고 한다.

고려 말, 몽골의 영향을 받으면서 고기 문화는 다시 살아났다. 특히 한동안 몽골의 직접 지배를 받은 제주도에서 쇠고기가 많이 생산되었다. 소는 풀을 많이 먹기 때문에 소를 기르려면 방목에 좋은 초지가 많이 필요한데 제주도는 초지가 많아 소를 키우는데 매우 적합했던 것이다. 제주도에서 나는 쇠고기는 원나라에 자주 공물로 보내지기도 했다.

불교를 배척하고 유교를 숭상한 조선이 들어서자 쇠고기는 왕실과 부유한 양반들이 애호하는 음식이 되었다. 조선왕조실록을 보면 사람들이 돼지나 닭보다 쇠고기를 너무나 즐겨 먹는 바람에 농사에 쓰일 소들이 별로 없다는 내용도 있다.

이순신은 『난중일기』에서 쇠고기를 자주 먹은 일을 남겼다. 1593년 5월 17일, 고성현령이 이순신에게 약술의 일종인 추로수와 함께 쇠고기로 만든 꼬치 요리와 꿀통을 선물로 보낸 일이 있었다. 그런데 마침 이순신은 친척이 죽어 초상을 당한 상태라 예법상 고기를 먹을 수 없고 그렇다고 선물로 보낸 음식을 다시 돌려보내기도 민망해서 부하 군관들에게 나누어 주었다고 한다.

쇠고기.

그런가 하면 원균의 모함으로 삼도수군통제사에서 파직당했다가 다시 복직할 무렵 이순신은 어머니가 세상을 떠 초상을 치르는 몸이라 고기를 먹지 못했다. 그런데 고기를 먹지 못해 그의 몸이 쇠약해질 것을 우려한 선조 임금이 이순신에게 쇠고기를 내려주며 "나라가 위급한 상황에서는 예법에 구애받지 않아도 된다"며 쇠고기를 먹을 것을 권했다. 왕의 명령인지라 이순신은 초상을 치른 몸임에도 쇠고기를 먹었다.

조선 시대 말로 접어들면 한양에서 하루에 소 5백 마리 정도가 도축되어 쇠고기로 유통된다는 말이 생길 정도로 쇠고기 문화가 대중화되었다. 지금 우리나라 사람들은 소를 먹을 때 먹는 부위를 총 140가지로 나누는데 이는 세계에서 가장 세분화된 단위라고 한다. 아마 조선 시대 조상의 쇠고기 애호 식습관을 물려받아 그런 것이 아닐까?

돼지고기

쇠고기보다는 못하지만 그래도 우리나라 사람들이 오랫동안 먹어오던 고기는 돼지고기다. 『삼국사기』에 의하면 고구려의 왕들은 하늘에 드리는 제사인 교제를 지낼 때 돼지를 제물로 바쳤다. 그리고 지금은 전하지 않는 고문헌인 『고기』에서는 "고구려는 항상 3월 3일 낙랑의 언덕에 모여 사냥을 하며 돼지와 사슴을 잡아 하늘과 산천에 제사를 지냈다"고 기록되어 있다.

고구려에서는 고기를 된장 등 양념에 재웠다가 불에 구워먹는 요리인 맥적이 유행했는데 이때 주로 돼지가 고기 재료로 쓰였다.

그러나 불교를 숭상한 고려 시대가 되자 돼지는 사람들의 식탁에서 다소 멀어졌다. 살생 금지를 교리로 내세운 불교 때문에 돼지고기를 먹는 풍습이 많이 사라지고 고기를 요리하는 방법도 많이 잊혀졌다.

불교를 배척한 조선 시대에 들어서자 돼지고기는 다시 주목을 받았다. 1425년 1월 14일, 세종대왕은 영녕전에서 봄 제사를 지낼 때 돼지의 익힌 피부를 상에 올렸다. 또 7년 후인 1432년 7월 29일에는 사직에 지내는 제사인 의주를 지낼 때 삶은 돼지 살코기를 제사상에 올리기도 했다.

그런가 하면 조선 시대에는 고기로 담근 젓갈인 탐해(醓醢)라는 요리도 생겼다. 1434년 5월 9일, 예조에서는 세종대왕에게 "여러 제사에 올리는 탐해는 명나라 홍무제가 만든 규칙에 따라 돼지고기를 쓴 것으로 올리자"고 건의했으며 세종대왕도 이에 따랐다고 한다.

하지만 조선 사람들은 쇠고기를 최고로 쳤고 돼지고기는 그에 비하면 다소 질이 낮은 고기라고 생각했다. 1443년 3월 4일, 도승지(왕의 비서) 조서강은 대신들과 함께 의논하여 아뢰기를 "우리나라 사람은 돼지고기를 즐기지 않사오니 보통 사람도 그러하온데 어찌 궐내에서 쓸 수가 있겠습니까?"라고 말하기도 했다.

좋은 등급의 돼지고기.

물론 그렇다고 해서 조선 사람들이 돼지고기를 아예 먹지 않았다는 것은 아니었다. 세종보다 이후인 성종 시대인 1473년 12월 17일, 성종은 신숙주에게 제사를 지낼 때 쓰는 돼지고기는 우선 말린 것으로 하고 돼지가 번식하기를 기다린 후 예법대로 산 돼지를 써서 제사를 지내라고 말했다.

조선 시대에는 한약을 만들 때 시기를 중시하여 날짜와 계절과 간지까지 가리는 풍속이 있었다. 특히 매년 12월 납일(동지 뒤 세 번째 미일(未日)로 대개 음력으로 12월 연말에 해당)에 조제하는 것을 중시하였으니 이를 '납약(臘藥)'이라고 했다. 납일에 잡은 돼지고기를 '납저육(臘猪肉)'이라고 했는데, 납저육은 살충이나 해독에 쓰여 매년 내의원에서 납일이 되면 신하들에게 나누어주어 군졸들의 구급이나 다른 용도에 사용하게 하였다.

숙종 무렵에는 돈박(豚拍)이라 하여 돼지의 어깻죽지 살을 잘게 썰어 회로 만드는 요리도 생겨났다. 오늘날 사람들이 즐겨 먹는 햄인 스팸(SPAM)도 바로 저 돼지고기 어깻죽지 살로 만든다.

정조 임금은 1791년 5월 12일, 사당에 지내는 제사에 노루고기를 쓰는 것은 예법에 어긋나니 돼지고기로 대신하도록 명하였다. 순조 임금 무렵인 1802년에는 도성 안에 쇠고기나 돼지고기를 전문으로 팔던 가게인 현방(懸房)이 생겨나기도 했다.

오늘날 우리가 즐겨 먹는 삼겹살은 해방 이후 탄광촌에서 일하는 광부 등 노동자들이 목에 낀 먼지를 몸 밖으로 배출하는데 돼지고기가 좋다는 말을 듣고 사람들이 잘 먹지 않아 값이 싼 돼지 뱃살을 구워먹으면서 시작되었다고 한다. 그렇다면 지금 우리나라 사람들이 돼지고기, 특히 삼겹살을 즐겨 먹는 풍습은 현대에 들어 새로 생겨난 풍습이라고 봐야 한다.

꿩과 닭

'꿩 대신 닭'이라는 속담은 오늘날도 많은 사람이 자주 인용한다. 마땅히 가지고 싶은 것이 없을 때 할 수 없이 그에 못 미치는 것이라도 가진다는 뜻이다. 이 속담에 의하면 꿩이 닭보다 더 좋은 음식이라는 말이 된다.

지금 사람들은 일상에서 꿩을 자주 먹지 못한다. 하지만 조선 시대까지 꿩은 위로는 왕후부터 아래로는 일반 백성에 이르기까지 모든 사람이 즐겨 먹던 음식이었다.

삼국유사에 따르면 신라의 김춘추는 하루에 밥 서 말과 꿩

논에서 먹이를 찾는 꿩.

아홉 마리를 먹었다고 한다. 또 그가 신라의 숙적인 백제를 멸망시킨 다음에는 하루에 밥 여섯 말과 꿩 열 마리를 먹었다고 기록되어 있다. 적이 없어지니 식욕이 더 돋았던 모양이다.

고려의 왕들은 한식 날 왕가의 조상에게 올리는 종묘 제사를 지냈는데 반드시 살아있는 꿩을 제사상에 올렸다.

조선 사람들도 꿩고기를 좋아했다. 조선을 세운 태조 이성계는 활을 잘 쏘아 사냥을 즐겼는데 특히 꿩사냥을 즐겼다. 이성계는 숨어 엎드린 꿩을 쏠 적에는 반드시 꿩을 놀라게 해서 두서너 길 높이 날게 한 다음 쳐다보고 쏘아 번번이 맞히었다고 한다.

이성계 다음의 왕인 정종과 태종도 꿩사냥을 좋아했는데 꿩을 잡으면 반드시 아버지인 이성계에게 바쳤다고 한다. 특히 태종은 꿩사냥을 매우 즐겨 세종에게 왕위를 양위한 다음에도 틈틈이 세종과 함께 사냥을 나가 꿩을 잡고는 했다.

물론 왕들만 꿩고기를 맛보았던 것은 아니었다. 1420년 12월 13일, 태종은 유정현과 박은, 이원과 변계량 등을 불러 작은 술잔치를 차리고 각각 꿩 10마리씩을 선물로 주었다.

사냥에서 잡히는 것 이외에도 다른 경로로 꿩들은 잡혔다. 조선 시대에는 각 지역의 백성이 매년 납월마다 꿩 50마리를 왕에게 공물로 바쳐야 하는 규칙도 있었다.

꿩고기를 지나치게 좋아하다 처벌을 받은 일도 있었다. 문종 무렵인 1450년 7월 8일, 음죽 현감인 권준은 세종대왕이 죽어 국상이 났을 때에도 술을 마시고 꿩고기를 먹다 발각되어 파직되기도 했다. 엄격한 신분 사회인 조선 시대에서 왕이 죽으면 모든 백성은 술과 고기를 먹지 말아야 하는 것이 법이었는데 꿩고기의 맛에 반해 법을 어기다 처벌받은 것이다.

이밖에 백과사전인 『규합총서』에서는 꿩고기를 이용한 요리인 완자탕이나 어육장 등을 소개하고 있다. 그중에서 꿩이 많이 잡혔던 강원도의 정선 지방에서는 꿩고기를 꼬치에 낀 산적 요리도 있었다.

하지만 조선 시대 이후, 사냥과 남획 때문에 꿩은 그 수가 줄어들었다. 그래서 지금은 돈이 많은 일부 상류층 정도만 별식으로 즐기는 요리가 되었으니 안타까운 일이다.

꿩에 비하면 닭은 예나 지금이나 가장 많은 사람이 흔하게 먹는 음식이다. 예부터 우리나라 사람들은 큰 잔치가 있을 때 주로 닭을 잡았고 그 이외는 주로 달걀을 먹었다. 물론 닭고기도 맛있지만 그보다는 달걀을 먹는 것이 경제적으로 더 저렴했기 때문이었다.

닭고기는 쇠고기나 돼지고기보다 맛이 담백하고 기름기가 적어 소화에 좋다. 서양과는 달리 우리나라에서는 닭고기를 굽거나 튀기기보다는 주로 물에 넣고 끓이거나 쪄먹는 방식이 많았다. 특히 아픈 환자들에게는 닭고기에 밥을 넣고 함께 찐 백숙을 먹이고는 했다.

조선 광해군 무렵 허준이 쓴 의학서인 『동의보감(東醫寶鑑)』에는 붉은 수탉의 고기가 여인에게 좋으며 허약한 몸에 기운을 불어넣고 해독 기능까지 있다고 기록되어 있다. 또, 검은 암탉의 고기는 피부병에 특효가 있다고도 적었다.

인생의 동반자, 술

청주

소주나 막걸리에 밀려 사람들이 그다지 많이 찾지 않지만 청주도 역사가 오래된 우리의 술이었다. 흔히 사람들은 청주가 일본 술인 것으로 알고 있으나 조선 시대부터 우리 조상은 청주를 즐겨 마셨다.

청주에 관한 최초의 기록은 『조선왕조실록』에서 볼 수 있다. 1407년 10월 19일, 태종 임금은 이태귀를 사신으로 보내 대마도의 영주인 종정무에게 청주 30병을 선물했다고 한다. 청주는 외국에 보내는 선물로도 쓰인 것이다.

남쪽의 왜인들만 아니라 북방 여진족들과의 외교 관계에서도 청주는 중요했다. 1410년 2월 25일, 태종은 여진족 우두머

리인 동맹가첩목아에게 청주 20병을 선물했는데 장차 그가 조선에 어떤 모습을 보일지 그 뜻을 살피기 위함이었다.

태종의 아들인 세종대왕도 청주를 좋아했다. 1418년 11월 21일, 세종대왕은 공자의 제사에 청주를 올렸다. 그리고 3년 후인 1421년 12월 23일, 세자인 문종이 성균관에 입학하는 자리에도 청주가 나와 학생과 교사들이 모두 마셨다. 조선 시대의 의례인 제사 때 청주는 국가가 지정한 술로 쓰였던 것이다.

세종은 사냥을 갈 때도 청주를 마셨다. 1424년 9월 29일, 철원에서 짐승 몰이 사냥을 하던 세종은 마산에 행차를 이끌고 당도하자 그 지역 관리들은 세종 일행에게 청주 1천 병을 바쳤고 청주를 받은 세종은 즉시 수행한 사람들에게 나눠주어 마시게 했다.

하지만 세종이 언제나 술독에 빠져 지냈던 것은 아니었다. 술을 지나치게 마시면 인체에 미치는 해를 세종도 알고 있었다. 또한 청주를 빚을 때 쌀이 지나치게 소모되어 식량이 줄어든다는 위험성도 생각하고 있었다. 그래서 세종은 틈틈이 술의 제조와 판매를 금하는 금주령을 나라에 내렸다.

금주령이 발표되었을 때도 세종은 청주와 탁주의 문제를 놓고 고민했다. 1420년 1월 23일, 원숙에게 내린 명을 보면 세종의 그런 고심이 잘 드러나 있다.

> "술을 금지할 적마다 청주를 마신 자로는 죄에 걸린 적이 없고, 막걸리를 마시거나 혹은 사고 판 자는 도리어 죄에 걸리

니 사정이 딱하다. 지금부터 술을 금하는 기간이라도 무릇 부모 형제에 대하여 환영이나 전송을 하든지, 혹 늙고 병든 사람이 약을 마신다든지 이를 위하여 매매하는 자는 금하지 말고 그 놀기 위하여 술을 마시는 자와 다른 사람을 맞이하거나, 전송하느라고 마시거나 매매하는 자는 일체로 금지함이 어떠할지 의정부와 육조와 대간이 의논하여 아뢰라."

조선 시대에는 주로 부유한 왕족이나 양반들은 청주를 마셨고 가난한 서민들은 막걸리를 마셨다. 그러다 보니 금주령이 내려져도 청주를 마시는 권력자들은 처벌받지 않고 막걸리를 마시는 서민들만 처벌받는 일이 많았다. 세종은 이 점을 잘 알고 백성의 처지를 불쌍하게 여겨 부모 형제에 대하여 환영이나 전송을 하거나 늙고 병든 사람이 약 대신 술을 마실 때에는 금주령을 어겨도 처벌하지 말라는 지시를 내린 것이다.

하지만 그렇다고 조선의 서민들이 청주를 영원히 맛볼 기회가 없었던 것은 아니었다. 1475년 9월 29일, 성종 임금은 좌상과 우상의 군사들이 비를 맞고 옷이 젖어 떨고 있는 모습을 가엽게 여기고 그들에게 경기도에서 바친 청주 70병을 내려 마시게 해주었다. 1717년 4월 2일, 숙종 임금도 도감 군사와 기마병들에게 궁궐의 주방에서 가져온 청주 50병을 나눠주어 노고를 달랬다.

일제 강점기가 되자 일본인들은 자기들이 마시던 일본 청주만이 진짜 청주고 조선의 청주는 그냥 조선술이라고 부르도록 강요하였다. 그래서 오늘날 우리나라 사람들은 청주가 원래부터 일본에서 들여온 술로 잘못 알고 있으니 실로 안타까운 일이다.

소주

오늘날 우리가 일상에서 가장 즐겨 마시는 술은 소주다. 하지만 소주는 본래 이 땅에서 만들어진 술이 아니라 고려 말엽 원나라를 통해 들어온 외래 산물이다. 13세기 중엽, 멀리 페르시아와 중동을 정복한 몽골인들은 그 지역의 독한 증류주인 아라흐(Araq)를 발견했고 이를 자신들이 정복한 지역마다 퍼뜨렸는데 고려 또한 몽골인이 세운 원나라의 지배를 받으면서 소주가 고려에 전해지게 된 것이다.

소주의 원형이 된
시리아의 독한 증류주 아라흐.

고려를 복속시킨 원나라는 일본 원정까지 시도했는데 고려의 안동에 원나라 군대가 오래 주둔하면서 안동에 소주가 전해졌다. 즉, 안동의 명물인 안동 소주도 원나라 군대가 남기고 간 산물인 것이다.

고려 말, 김진이라는 장수는 평소에도 소주를 즐겨 마

서 병사들로부터 '소주도(燒酒徒)'라는 비아냥을 들었는데 왜구가 쳐들어오자 제대로 싸워보지도 않고 도망치는 바람에 조정으로부터 문책을 받고 유배형에 처해졌다.

이성계의 장남인 이방우는 아버지가 고려를 무너뜨리고 왕위를 빼앗은 일을 비관하여 벼슬을 버리고 밤낮으로 소주만 마시다 그만 죽고 말았다.

고려가 망하고 조선이 들어선 이후에도 소주는 많은 사람의 사랑을 받으며 계속 살아남았다. 성종 시절, 재상인 홍윤성은 매일같이 소주를 마신 것으로 유명했다. 또한 성종 시대에는 소주가 부자들만 아니라 일반인인 양민들이 벌이는 잔칫상에도 오를 정도로 보편화하였다.

임진왜란의 영웅인 이순신은 전란 중에 극심한 스트레스를 받아 위장병 증세에 시달리자 자주 소주를 마셨다. 독한 술기운으로 고통을 덜려고 했던 것이다. 숙종 임금은 군사들의 사기를 위로하려는 뜻에서 왕실 호위대인 금군(禁軍)과 훈련도감의 군사들에게 상으로 소주를 50병씩 하사했다.

소주는 제사상에도 자주 올랐는데 주로 여름철에 많이 등장했다. 여름에는 날씨가 더워 세균들의 활동이 왕성해 도수가 낮은 청주는 쉽게 상하는데 도수가 높은 소주는 잘 상하지 않았다. 율곡 이이도 이 점을 강조하고 여름철에는 청주 대신 소주를 제사상에 올리라고 말했다.

조선왕조 내내 애호를 받던 소주는 일제 강점기를 거쳐 군사 독재 정권 시대에 접어들자 쌀을 아껴야 한다는 정부의 방

안동 소주를 증류하는 모습.

침에 따라 쌀이 아닌 밀가루나 고구마에서 추출한 화학식 원액으로 원료가 변경되면서 예전의 맛을 잃어버리고 말았다.

이렇게 군사 정권을 거치면서 한국의 전통주들은 사실상 맥이 끊기고 말았다. 민주화 정권이 들어서면서 몇몇 뜻있는 사람들이 옛 자료들을 찾아 전통주를 다시 살리려 노력하고 있다.

막걸리

소주와 더불어 한국 사회에서 가장 대중적인 술은 바로 막걸리다. 막걸리를 만드는 법은 대략 다음과 같다. 쌀과 누룩을 섞어 항아리에 넣고 놓아둔다. 숙성된 덩어리를 체에 넣고 걸러낸 다음 다시 곱게 빻고 물을 부어 한 번 더 걸러내면 막걸리가 된다.

막걸리는 뿌옇고 진한 흰색 빛깔의 술이다. 그래서 옛사람들은 막걸리를 혼돈주(混沌酒)나 탁주(濁酒), 혹은 백주(白酒)라고 불렀다.

항아리에 담겨서 막 발효되고 있는 막걸리.

고려 말 시인 이색도 그의 시집인 『목은집』에서 막걸리를 자주 마셨다고 즐겁게 회상했다.

신안역(新安驛)에서 묵다
역의 아전 또한 나쁘지 않아서
막걸리를 잔 가득 따라 올리네
조용히 읊으매 흥이 끝없는데
달빛은 정히 한가롭구려

조선 시대에 접어들자 상류 계층들은 주로 청주를 마시고 서민들은 막걸리를 마시는 모습이 일상화되었다. 하지만 조선 시대에 서민들이 청주를 마실 기회가 아예 없던 것은 아니었듯이 왕이나 양반들도 막걸리를 아예 마시지 않았던 것은 아니었다.

1406년 4월 4일, 태종은 경상도 도절제사 유용생에게 아홉 개의 항아리에 가득 담은 막걸리를 내려주었다. 그가 왜구를 처부순 공로를 인정하여 포상을 내린 것이었다. 유용생은 왕에게서 받은 막걸리를 전부 병사들에게 나눠주고 "오늘 왜적을 잡은 공은 실로 병사들에게 있다!"라고 하니 모든 병사가 기뻐했다고 한다.

이밖에 태종은 1415년 1월 25일 공적인 자리와 사적인 자리에서 술을 금지하면서도 각종 환영식과 전송식에서 백성이 막걸리를 마시는 일은 금지하지 않았다. 막걸리를 마시는 가난한 서민들의 입장을 고려하여 내린 결정이었다.

세종대왕도 백성이 막걸리를 마신다는 점을 잘 알고 있었다. 1429년 9월 9일, 세종은 나라 안의 노인들을 불러 중양절 연회를 베푸는 자리에서 막걸리를 대접했다.

태종의 딸인 숙근옹주와 결혼한 화천군 권공은 젊어서 무술을 단련하여 무예가 출중한 인물이었다. 그는 왕이 주관하는 군사 훈련인 강무에 참석할 때마다 대장 역할을 맡았는데 병사들 모두 그를 존경하며 잘 따랐다. 권공은 집은 비록 가난했지만 성품이 활달하여 언제나 밝은 얼굴로 다녔으며 공적인 업무를 맡을 때도 힘든 일을 마다치 않고 나섰다.

권공은 1462년 사망했는데 그가 죽었다는 소식을 접한 세조 임금은 다음과 같이 소감을 고백했다.

> "내가 젊었을 때에 화천군의 집에 이르니 나를 맞이하여 방으로 들어갔는데 사면의 벽이 텅 비어 있었다. 그래서 나는 그가 내미는 막걸리 두어 잔을 마시고 나왔다. 권공은 평생

에 산업을 경영하지 않았고 또한 비단옷을 입는 습관이 없었으며 그 마음이 바르고 진실하였고 일을 시키면 싫어하는 기색이 없었다. 국가에 공로가 있으니 다른 부마(왕의 사위)에 비할 바가 아니다."

그런가 하면 막걸리를 지나치게 좋아하다 문제를 일으킨 사람도 있었다. 문종 무렵인 1450년 9월 18일, 이종운이란 사람은 의녀들을 첩으로 거느리며 임지에 있을 때 촌민들에게 탁주를 얻어 마셨다고 구설에 올라 큰 망신을 당하기도 했다.

여기서 잠깐 말을 덧붙이자면 조선 시대 여성 의원인 의녀들의 사회적 지위나 대우는 매우 낮았다. MBC에서 방영한 인기 TV 드라마 「대장금」에서 잠깐 나왔듯이 의녀들이 병을 고쳐주면 그 대가로 받는 상은 권세 있는 양반 환자들의 첩이 되는 것 정도였다. 하지만 의녀를 첩으로 들이는 사람들도 사회적으로 그다지 좋은 소리는 듣지 못했다. 조선 시대에 의녀는 기생들과 별로 다르지 않은 천한 신분이었으니 말이다.

중종 시절에도 막걸리 때문에 사회적으로 비난을 받은 사람이 있었다. 1523년 6월 25일, 함경도 절도사 우맹선의 군관 김연은 해안가에 사는 마을 사람들에게 한 사람당 막걸리 한 사발씩을 강제로 징수하는 짓을 저질렀다. 이렇게 함부로 백성을 상대로 막걸리를 징수하던 김연은 그러다가 백고(白古) 지역에 사는 사람들에게 구타를 당했다. 그러자 우맹선은 김연이 백성을 무고하는 말을 믿고 백고 사람들을 잡아들여 마구 고문을 가하다 많은 사람이 죽거나 다치고 말았다.

이 사건이 조정에 알려지자 중종은 우맹선과 김연을 모두 체포하여 심문하고 그 죄를 묻도록 지시했다. 우맹선과 김연은 백성에게 빼앗은 막걸리도 제대로 마시지 못하고 자신들이 저지른 잘못 때문에 죄인이 되어 처벌을 받았던 것이다.

임진왜란이 한창 벌어지던 1594년 3월 25일, 군사 업무를 담당하던 조정 부서인 비변사에서는 선조 임금에게 다음과 같은 건의를 올렸다.

> "이미 왜군과 싸우다 전사하거나 혹은 앞으로 발생할 그러한 전사자들의 가족들에게는 잡다한 부역을 영원히 면제시켜 주시옵소서. 또한 전사한 사람들을 위하여 한 곳에 제단을 세우고 막걸리와 보리밥으로 초혼제를 올려 충성스러운 영혼을 위로하게 하소서. 이러한 뜻을 경상감사와 좌, 우 병사와 수사와 도원수에게 내려 일제히 시행하게 하소서."

비변사의 건의에 선조도 찬성하고 얼른 그대로 시행토록 지시했다. 임진왜란 때 죽은 전사자들을 위한 제사에 막걸리가 동원되었던 것이다.

일제 강점기 시절인 1924년, 작가 현진건이 발표한 단편 소설 『운수 좋은 날』에서 주인공 김첨지는 인력거를 끌어 번 돈으로 술집에 가서 탁주를 마셨다는 내용이 나온다. 이 탁주가 바로 막걸리였다. 일제 강점기 시절에도 막걸리는 여전히 서민들의 술이었던 것이다.

그런데 해방이 되고 곧이어 벌어진 한국 전쟁과, 이 전쟁이 끝난 후 들어선 군사 독재 정권에서 막걸리는 본의 아니게 탄압을 받는다. 막걸리를 빚는데 주식인 쌀이 너무 많이 들어간다는 이유로 쌀 대신 미국에서 무상으로 들여온 값싼 밀가루나 옥수수 가루로 막걸리를 만들도록 박정희 정권이 강요했던 것이다.

그 바람에 쌀로 빚을 때보다 막걸리의 맛은 훨씬 떨어졌고 소비자들이 막걸리 대신 맥주나 소주를 찾는 바람에 국산 막걸리 산업은 큰 타격을 받았다. 그래서 한동안 막걸리를 마시는 사람들이 거의 없다고 할 만큼 막걸리는 사양 산업으로 간주되었다.

2000년대 이후, 한국 사회의 자유와 민주주의가 강해지고 아울러 생활 수준도 올라가면서 막걸리에 대한 사람들의 관심이 높아졌다. 그 바람에 다시 예전처럼 쌀로 빚은 좋은 품질의 막걸리들이 등장했고 한류 바람을 타고 일본과 미국에까지 수출될 정도로 막걸리는 인기를 누리고 있다.

포도주

우리나라 사람들이 포도주를 처음 마셨던 때는 고려 말 무렵이다. 『고려사절요』의 기록을 보면 1298년 9월, 원나라에서 충렬왕에게 포도주를 주었다는 기록이 보인다. 그리고 1308년 2월, 원나라에서 무종이 새 황제로 즉위하자 자신을 황제로 옹

립하는데 도움을 준 충렬왕에게 감사의 뜻으로 포도주를 선물했다고 한다.

이처럼 원나라의 영향을 강하게 받던 고려 시대에 원나라에서 고려 왕실에 선물로 포도주를 보내주면서 고려의 왕과 귀족들이 포도주를 즐겨 마시게 되었던 것이다. 고려 말의 유명한 시인이자 정치인이었던 이색은 그의 시집인 『목은집』에서 포도주를 마셨다는 글을 남겼다.

잔에 담긴 포도주.

6월 15일에 향리에서 술자리를 베풀고
즐기던 일을 생각하다
자하동 안으로 술병 가지고 들어가서
솔 그늘 가장 깊은 곳 다투어 찾아가니
은 쟁반의 오이는 대나무처럼 새파랗고
옥 술잔엔 초록빛 포도주가 넘실거렸네

일을 기록하다

다행히도 나는 젊고 장성한 날에
이런 태평성대의 조정을 만나니
술잔엔 포도주를 수북이 따르고
차린 음식은 오미로 조리하였네
촛불 잡고 노는 게 무어 해로우랴
읊는 여가엔 임금님 축수나 하리

그러나 고려가 망하고 조선 시대로 접어들자 포도주에 관한 기록은 감쪽같이 사라져 버려 좀처럼 보이지 않는다. 아마 고려 시대의 사람들이 마셨던 포도주는 고려에서 직접 만든 것이 아니라 원나라에서 수입했던 외국산이었던 것 같다.

원래 포도주를 만들려면 포도의 당분이 높아야 한다. 그러기 위해서는 여름이 건조하고 햇볕이 많이 필요한데 우리나라의 기후는 여름이 무척 습해서 포도의 당분이 많지 않고 신맛이 강하다. 그래서 한반도의 포도들은 술로 만들기에는 부적합했다.

포도주에 관한 기록은 조선이 망한 이후인 일제 강점기부터 다시 보인다. 1916년 2월 2일, 순종 임금은 조선 총독으로 부임한 데라우치 마사타케의 생일에 적포도주와 브랜디를 각각 1병씩 선물로 보냈다. 이것이 고려 이후 다시 나타난 포도주에 관한 최초의 기록이다.

같은 해, 2월 21일 순종은 일본군 제9사단장 가와무라 소고로가 병에 걸려 위중하자 그에게 적포도주 1병을 선물했다. 병

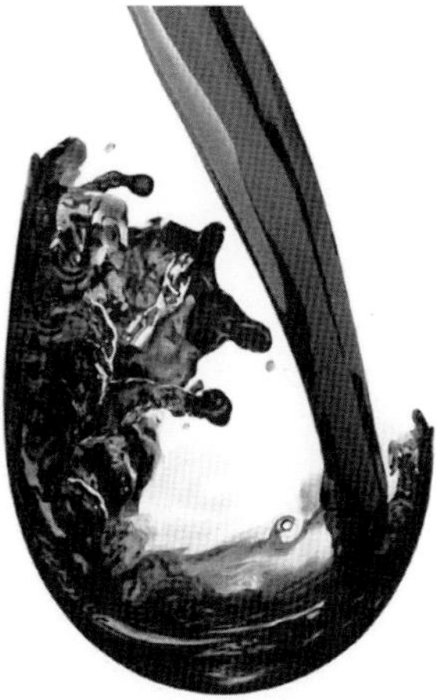
포도주는 구한말에서부터
본격적으로 우리 식탁에 올랐다.

에 걸린 사람에게 위로의 뜻으로 보낸 것 같다.

데라우치처럼 조선에 새로 부임한 총독인 하세가와 요시미치도 역시 순종이 보낸 포도주를 선물 받았다. 해가 바뀐 1917년 6월 7일, 순종은 하세가와 요시미치가 도쿄로 떠나자 그를 만나는 자리에서 포도주 1상자와 담배 10상자를 함께 선물했다.

일본에 나라를 판 친일파들도 순종에게서 포도주를 받았다. 1919년 5월 16일, 순종은 병에 걸린 조중응에게 위문의 뜻에서 적포도주 한 병과 과일 한 바구니를 하사했다. 악명 높은 친일파인 이완용도 병에 걸려 위독하자 1926년 2월 11일 순종이 보낸 적포도주 한 병을 하사받았다.

그런가 하면 순종 자신도 일본인에게 포도주를 받기도 했다. 1919년 1월 22일, 순종은 일본 천황과 황후가 총독부 무관인 무라타 마코토에게 보낸 포도주 1병을 선물로 받았다.

또 순종이 병에 걸려 위독하자 일본 천황과 황후는 포도주 1병을 선물하여 그의 쾌유를 기원하기도 했다.

1945년 해방이 되자 일본인들이 본국으로 돌아가면서 포도주를 만드는 제조 비법도 사라졌고 무엇보다 한국의 기후가 포도 재배에 그다지 맞지 않아 포도주를 만들기 어려웠다. 그래서 한동안 한국에서는 '술' 하면 소주와 맥주 및 막걸리, 비싼 위스키 정도만을 떠올렸을 뿐 포도주는 널리 퍼지지 않았다.

그러다 1977년, 국내의 주류 회사인 마주앙(Majuang)이 추위에 강한 독일산 포도 묘목을 수입해 오면서 국산 포도주를 생산하는 길이 열렸다. 당시는 박정희 정권 시대였는데 박정희는 마주앙에서 생산한 포도주를 맛보고는 이후 모든 파티가 열릴 때마다 반드시 마주앙 포도주만을 공급하도록 명령했다고 한다. 마주앙 포도주의 품질보다는 국산품 애용의 모습을 보여주겠다는 결심에서였을 것이다.

포도주가 대중화된 시점은 2000년대 이후부터다. 국민 소득이 높아지고 『신의 물방울』 같이 포도주를 주제로 다룬 일본 만화가 국내 시장에 진출하면서 포도주에 대한 사람들의 관심이 높아졌다. 그리고 2005년부터 포도주의 가격이 낮아지면서 일반 사람들도 포도주를 즐겨 마시게 된 것이다.

2011년 한국 정부에서는 유럽 연합과 FTA를 체결하면 싼값에 포도주를 살 수 있다고 홍보했다. 비록, 아직 포도주의 가격은 그리 낮아지지는 않았으나 그만큼 포도주가 가진 매력은 자유 무역 협정의 정당성을 알릴 만큼 높은 것 같다.

참고문헌

● 1차 사료

『삼국사기(三國史記)』.

『삼국유사(三國遺事)』.

『고려사절요(高麗史節要)』.

『목은집(牧隱集)』.

『조선왕조실록(朝鮮王朝實錄)』.

『난중일기(亂中日記)』.

『음식지미방(飮食知味方)』.

『지봉유설(芝峰類說)』.

『수문사설(松聞事說)』.

『소문사설(謏聞事說)』.

『규합총서(閨閤叢書)』.

『자산어보(玆山魚譜)』.

● 2차 사료

도현신, 『전쟁이 요리한 음식의 역사』, 시대의창, 2011.

도현신, 『옛사람에게 전쟁을 묻다: 전쟁으로 풀어보는 민중의 역사』, 타임스퀘어, 2009.

현진건, 『운수 좋은 날』.

한국의 음식문화

펴낸날 **초판 1쇄 2012년 7월 13일**

지은이 **도현신**
펴낸이 **심만수**
펴낸곳 **(주)살림출판사**
출판등록 **1989년 11월 1일 제9-210호**

경기도 파주시 문발동 522-1
전화 031)955-1350 팩스 031)955-1355
기획 · 편집 031)955-1374
http://www.sallimbooks.com
book@sallimbooks.com

ISBN 978-89-522-1920-6 04080

책임편집 **이소정**